いただくための心に留めておきたい

五カ条

一、寺社に敬意を払い、いわれを学ぶ

神社仏閣を参拝するときに心がけるとよいでしょう。その歴史や系統、宗派などを理解してこそ、意義深い御朱印となります。

二、参拝をすませてから御朱印をいただく

御朱印は観光記念スタンプではありません。参拝をまずすませるのがマナーです。おまいりせずに御朱印だけをいただいて帰るのはマナー違反です。

三、すべての寺社でいただけるとは限らない

無人の寺社では、御朱印をいただけないことも珍しくありません。書き手が多忙や不在の場合もあります。無理にお願いしてはいけません。

四、書き手によって印象や筆致が異なる

いつも同じ方が書かれるとは限りません。書き手が変われば、御朱印の印象は大きく変わります。デザインも随時更新されます。期待通りの御朱印ではなくても一期一会の味わいです。

五、寺社とのコミュニケーションを大切に

お寺や神社と接するまたとない機会です。寺社の方とのコミュニケーションを通して理解が深まれば、寺社がもっと身近に感じられるはずです。

すてきな縁と結ばれ、心癒やされるおさんぽへ

なぜ人は御朱印に魅せられるのでしょう。どうして御朱印集めがブームになっているのでしょう。

太胆かつ繊細な筆使いによる墨書と、カラフルで個性的な押し印が織りなす世界観が、日本人の美意識を刺激するからかもしれません。

数あるものを、できるだけ多く集めたいという、コレクション魂をくすぐるからかもしれません。

でも、それだけではないような気がします。
それだけでは、老若男女をこれほど
惹きつける理由にはならないと思うのです。

御朱印の最大の魅力は、
仏様や神様とのつながりを感じられること。

いくつか寺社をめぐるうちに、
境内の凛とした空気に癒やされ、
日常のストレスから解放され、
心の安らぎを感じられる瞬間が
あるはずです。

その感覚こそ、
仏様や神様を身近に感じられたということ。
参拝を通して神仏と縁を結べた
ということなのです。
御朱印はその証といえるでしょう。

皆様が本書を片手に神社仏閣を訪れ、
すてきな縁に恵まれますように。

三浦半島の総鎮守、海南神社(→P126・129)の本殿

目次

御朱印さんぽ 神奈川の寺社 横浜・鎌倉

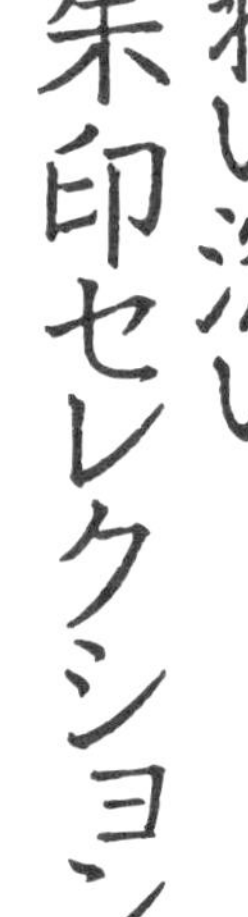

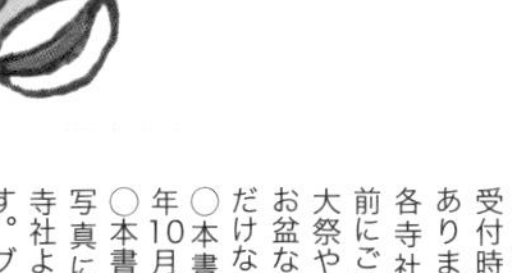

本書の使い方

○各寺社の名称ならびにご本尊やご祭神などの表記は、寺社への取材に基づきます。そのため、同じご本尊やご祭神でも異なる表記の場合があります。
○ご本尊やご祭神は主なものを表記しました。
○各寺社の住所などデータの凡例は左記のとおりです。

…宗派（お寺の場合）
…山号（お寺の場合）
…ご本尊（お寺の場合）
…ご祭神（神社の場合）
…創建年
…本殿の建築様式
住…住所
交…最寄り駅からのアクセス
料…拝観料

○境内自由の寺社もありますが、開門・閉門時間が決まっている場合もあります。参拝時間の目安は9〜16時です。御朱印がいただける寺務所や社務所の受付時間が決まっている寺社もあります。各寺社のホームページなどで事前にご確認ください。なお、例大祭や行事、法要、年末年始、お盆などの時期は御朱印がいただけないこともあります。
○本書記載の情報は2019年10月末日現在のものです。
○本書記載の御朱印、ならびに写真につきましては、すべて各寺社より掲載許可を得ております。ブログやホームページなど、電子データを含む無断転載は固くお断りいたします。

墨書の字…紀志井（きしい）こそ　妻を身際（みきわ）に　琴の音の
床に吾君（わきみ）を　待つぞ恋しき 結
右の印……上・汲めども尽きぬ福徳授ける神　下・相州鎌倉郡　石原
中央の印……上・総本宮　中・思金之神下照姫　下・思金神社
左の印……上・日本一智恵の授かる神　下・神紋

第1章

味わい深い御朱印セレクション

数々の御朱印のなかから、ひと目で心を奪われ、強く印象に残るものを厳選。斬新でデザイン性豊か、アイデア満載の御朱印を、見て読んで味わいましょう。

横浜市

思金神社（おもいかねじんじゃ）

P41

新作の御朱印は女神からのラブレター。下照姫（和歌姫）が思金神に恋心を抱き、贈ったとされている歌が墨書きされています。この歌

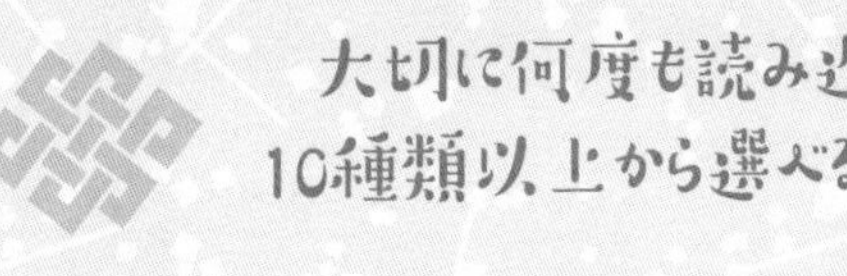

墨書の字…いつの日も希望をすすず
今日あることの喜びを
未来に伝えゆかむ
右の印……相州鎌倉郡 石原
中央の印…上・総本宮 中・わん・にゃ
ふるな人生 犬猫 愛と慈しみ
思金神社 足あとの添え印
下・思金神社
左の印……上・日本一智恵の授かる神
下・神紋

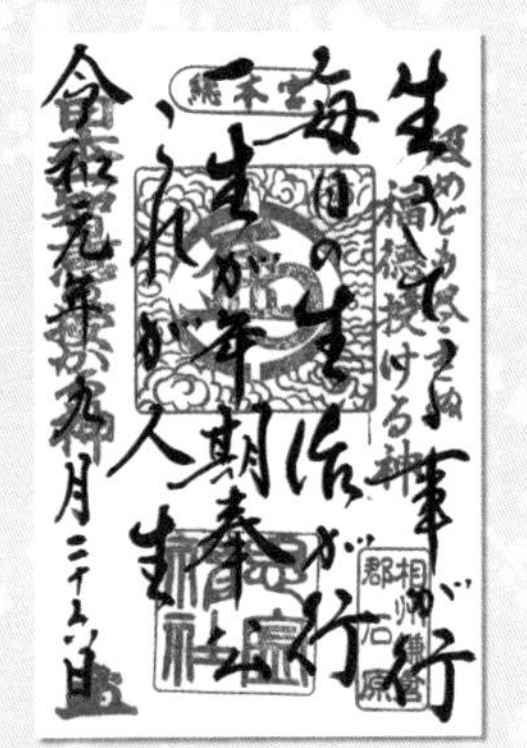

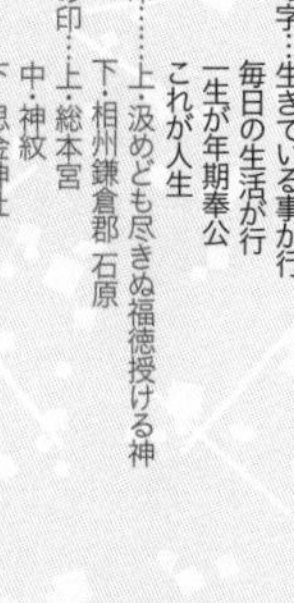

墨書の字…生きている事が行
毎日の生活が行
一生が年期奉公
これが人生
右の印……上・汲めども尽きぬ福徳授ける神
下・相州鎌倉郡 石原
中央の印…上・総本宮
中・神紋
下・思金神社
左の印……上・汲めども尽きぬ福徳授ける神　下・神紋

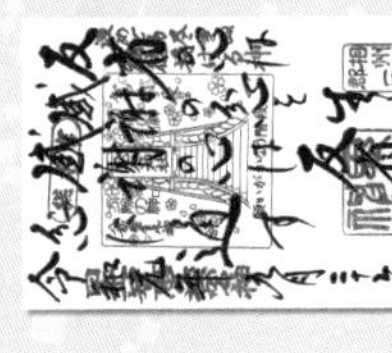

墨書の字…反省の心は
感謝の念を生じ
感謝の心は反省の念に通ず
右の印……上・汲めども尽きぬ福徳授ける神
下・相州鎌倉郡 石原
中央の印…上・総本宮　中・智恵と閃きを授ける方位の神
思金神社 方位の神 方除の神
八意思金之神 願いがかなう階段
桜の花　下・思金神社
左の印……上・日本一知恵の授かる神　下・神紋

は、上から読んでも下から読んでも同じになる回り歌。詠むと必ず願いが叶うといわれています。持っていると良縁につながりそう!? 宮司さんがご不在の場合があります。この御朱印が欲しい!というものが決まっている場合は、事前に電話で確認しましょう。

御朱印にこめられた神社の想い

思金神社の御朱印に書かれている言葉は、宮司さんが伝えたい「神様からのメッセージ」です。そのメッセージは、夜中や明け方に降りてくることがあるそうで、宮司さんは就寝時もペンと紙を枕元に置いているのだとか。そんなメッセージがしたためられた御朱印だからこそ、いただいて終わるのではなく、ときどき見返して心に留めたいものですね。

また「方位除け」の御朱印にも注目です。宮司さんは「方位」に気をつけることが大事だとおっしゃいます。知らずのうちに良くない方向へ行ってしまうことがあるため、出かける際には、その方位の勝手を詫びて「どうぞお守りください」と神様にお願いすることが大事だそうです。

九頭龍大神の分霊が宿り、金文字の龍が躍る御朱印をいただいたら、書家創作の縁起札も

中央の字…美わしき日本
　万葉の心
　令和の秋
（箱根町の交通安全モニュメント）
左の印……龍

中央の字…本願成就
　龍
左の字……箱根山 龍神
左の印……上・龍 下・暁夢

右の字…箱根山 仙人
中央の字…縁結び
左の字…龍神
右の印……上・龍 下・龍
中央の印…上・暁夢 下・花押
左の印……上・龍 下・暁夢

右の字…夢叶う
中央の字…龍
左の字…箱根山 龍神
右の印……龍
左の印……上・龍 下・暁夢

右の字…箱根山
中央の字…一期一会 龍
左の字…龍神
右の印……光と絹
左の印……上・龍 下・暁夢

箱根町

玉簾神社

たまだれじんじゃ

P117

箱根湯本の温泉旅館「天成園」の庭園に鎮座する玉簾神社は箱根神社唯一の分宮。入口の札所、草庵では書家西脇隆氏の筆による御朱印のほか、西脇氏が創作した金文字が入った縁起札やカラフルな季節限定の神符を授与しています。最初に玉簾神社の御朱印300円をいただいたら、書き置きになりますが、金文字を使った5種類（龍、梵字、想、結、幸）の縁起札500円や季節限定の神符からお気に入りを選べます。

御朱印も支えてくれる!?
毎月登場、かわいいがまんさま

右の印……奉拝
中央の印…上・天の川 織姫 彦星　中・菊名神社　右下・がまんさま
中・七夕　左下・笹の葉

右の印……夏詣
中央の印…上・花火　中・菊名神社　右下・風鈴 暑気払い　左下・がまんさま

右の印……奉拝
中央の印…上・菊名神社
下・がまんさま あじさい

右の印……奉拝
中央の印…上・菊名神社　下・がまんさま こいのぼり 菖蒲
左の印……参拝記念

横浜市
菊名神社(きくなじんじゃ)

P42

鬼なのに、なぜかとってもかわいいがまんさま。やさしくて力持ちのお相撲さんみたいながまんさまが、じっと耐える姿に胸キュン！ 菊名神社では、通常の御朱印のほかに、月替わり、祭事に合わせたものなど多種多様な御朱印が頒布されています。月替わりでは、傘をさしていたり、兜をかぶっていたり……いろんながまんさまが添え印となって登場。カラフルな御朱印で、御朱印帳も華やかになります！

期間限定

横浜市

泥牛庵（でいぎゅうあん）

P37

見る人を笑顔にする手描きのお地蔵さまと日本の四季

泥牛庵で領布される「子育て地蔵尊」の御朱印が大人気です。丁寧に描かれたお地蔵さまに、花や行事など、季節にちなんだものが添えられます。いきいきとしたタッチで描かれるお地蔵さまは、とても優しい表情。心和む御朱印、そしてご住職と奥さまの温かいお人柄に、何度も訪れたくなるお寺です。御朱印帳に直書きをお願いするほか、数種類の書置きの御朱印から選ぶこともできます。

右の字……奉拝
中央の字…三級浪高魚化龍
左の字……六浦地蔵堂
中央の印…上・泥牛庵　下・仏法僧宝（三宝印）
左の印……六浦地蔵
中央の絵…お地蔵さま　菖蒲

右の字……奉拝
中央の字…子育て地蔵尊
左の字……六浦地蔵堂
中央の印…上・泥牛庵　下・仏法僧宝（三宝印）
左の印……六浦地蔵
中央の絵…お地蔵さま　ホオズキ

期間限定

相模原市

相模原氷川神社（さがみはらひかわじんじゃ）

P36

月の行事や季節にちなんで絵が替わるカラフルな月まいりの御朱印

夏越大祓や七夕祭、例祭など、神社の行事や季節の風物をとり入れた月まいりの御朱印を頒布しています。印というよりは、カラフルなスタンプで明るく楽しい雰囲気。通常の御朱印にもその年の干支のスタンプを入れてくれます。通常の御朱印は、初穂料が500円で直書きもしてくれますが、月まいりの御朱印は500円で書置きのみ。今月はどのような御朱印なのか、社務所で見せてもらいましょう。

右の印……夏詣／中央の印…上・三つ巴　中・相模原　氷川神社　清新　下・アサガオ　金魚／左の印…うちわ

右の印……御大典奉祝記念
中央の印…上・七夕飾り　中・相模原　氷川神社　清新　下・アジサイ

パンダ宮司のいる神社で ユニークなハンコが押された4種類の御朱印を

海老名市

有鹿神社（あるかじんじゃ）

P56

パンダ宮司がいる神社で、パンダの御朱印帳や絵馬などがあり、鹿のほかにパンダ宮司もハンコにもなっています。希望のハンコがある場合は、その旨を伝えましょう。通常の御朱印のほか、有鹿神社の奥宮、諏訪神社、浅間大神宮の御朱印を頒布していますが、奥宮の御朱印は参拝者に限ります。奥宮の御朱印にある鳥居の印は、神社創建の起源になった水引祭にちなんだものです。

右の字……奉拝
中央の字…有鹿神社
中央の印…上・有鹿神社奥宮
　　　　　下・水引祭の鳥居

右の字……奉拝
中央の字…有鹿神社
中央の印…上・相州鎮座
古一之宮有鹿神社　下・鹿

15日ごとに自作の季節の印を押してくれる 季節感あふれる御朱印とはさみ紙

松田町

寒田神社（さむたじんじゃ）

P57

季節の花やイベントなど、その時どきの風物を自作の印にして御朱印と一緒に押してくれます。自作の印はカラーで、月2回15日ごとに変えています。また御朱印帳に、挟む「はさみ紙」も季節の風物を題材にした自作のもの。御朱印帳1500円の1ページ目には、神社の御朱印が押されていますが、通常は書置きになります。自作の印は随時増やしていくとのことで、これからも楽しみです。

右の字…奉拝 相州松田郷
中央の字…延喜式内
寒田神社
右の印……テッセン
中央の印…寒田神社御璽
左の印……彦星と織姫

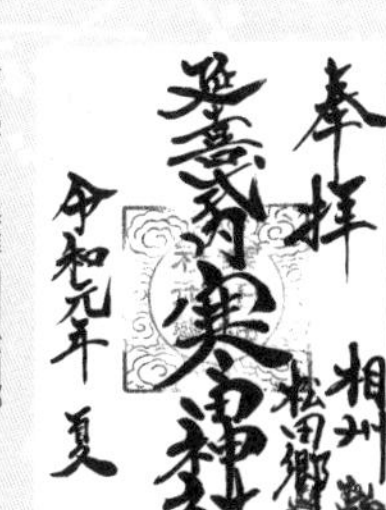

右の字……奉拝 相州松田郷
中央の字…延喜式内 寒田神社
右の印……クワガタ
中央の印…寒田神社御璽
左の印……風鈴

期間限定

三浦市

白山神社（はくさんじんじゃ）

P127

大切にしていきたい 四季折々の行事への想いを込めて

神社では四季を通してさまざまな行事があります。いずれの行事も、神様へ五穀豊穣を祈り、日々が平穏無事であるように願いと感謝が込められています。行事を大切にしている白山神社では、行事に合わせた期間限定の御朱印を頒布。行事ごとにおまいりし、御朱印を通して日本ならではの風習を感じてみるのもいいですね。

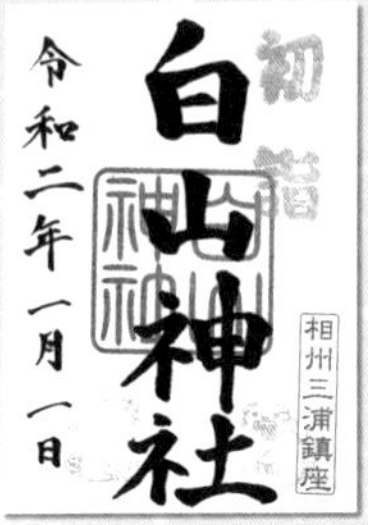

初詣

例大祭 奉拝

祈年祭 奉拝

新嘗祭 奉拝

中央の字…白山神社
右の印……相州三浦鎮座
中央の印…白山神社

期間限定

横浜市

金刀比羅大鷲神社（ことひらおおとりじんじゃ）

P139

月ごとに変わる多彩な御朱印が 福をかき集めてくれる!?

横浜のおとりさまとよばれ親しまれている金刀比羅大鷲神社。1年の無事に感謝し、来る年の幸を願うお祭り「酉の市」で授与される「熊手」は福運をかき集める縁起もの。その熊手をモチーフに、月替わりで御朱印を頒布しています。

右の字……奉拝
中央の字…金刀比羅大鷲神社
右の印……横浜のおとりさま
中央の印…上・社紋　下・狐と熊手

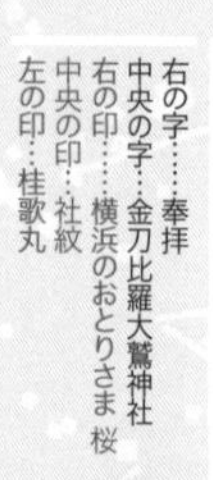

右の字……奉拝
中央の字…金刀比羅大鷲神社
右の印……横浜のおとりさま 桜
中央の印…社紋
左の印…桂歌丸

右の字……奉拝
中央の字…金刀比羅大鷲神社
右の印……横浜のおとりさま
中央の印…上・社紋　中・熊手　下・猪

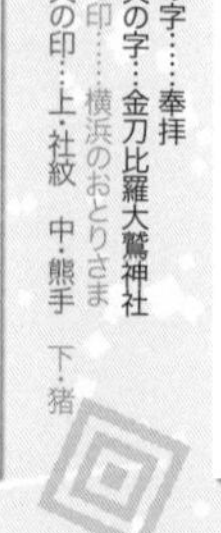

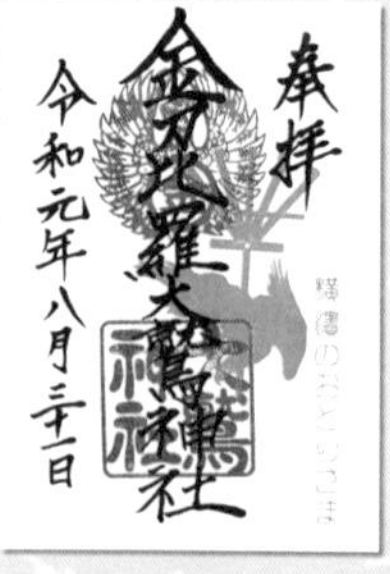

右の字……奉拝
中央の字…金刀比羅大鷲神社
右の印……横浜のおとりさま
中央の印…上・社紋　中・熊手 鳳
下・大鷲神社

1つずつ丁寧に仕上げる 手書きのイラストが好評のらくがき御朱印

伊勢原市

広済寺(こうさいじ)

P52

七福神や天女など住職が描く絵入りの御朱印が評判で、遠方から多くの方々が参拝に訪れています。お寺では仏事や境内の作務に入っている時があります。規定の奉拝、せんじゅさん、らくがきを含め御朱印受けはすべて予約が必要です。電話かメールで予約受付を行っています。45分ほどで書き上げられるらくがきは標準的な御朱印帳1ページに仏様1体につき2000円です。

中央の絵……七福神の宝船

中央の絵……天女
左の印……広済禅寺　源

中央の絵……千手観音
左の印……源

期間限定で、なくなり次第終了 見開きでカラフルなイラスト入りの御朱印

期間限定

茅ヶ崎市

鶴嶺八幡宮(つるみねはちまんぐう)

P90

夏詣でや秋詣でなど、期間限定でカラフルなイラスト入りの御朱印を頒布。茅ヶ崎市特別観光大使の「えぼし麻呂とミーナ」やオリジナルキャラクターの「Ｍｉｎｅｋｏ」、ご神木を守護する四神など、アニメチックなテイストで人気。初穂料は鶴嶺八幡宮と淡嶋神社の御朱印が各300円、期間限定のイラスト入りの御朱印は500円。こちらはなくなり次第終了です。

右の字……鶴嶺八幡宮
右の印……相州茅ヶ崎鎮座
中央の印……上鶴嶺八幡宮
左の印……夏詣で　四神相応

右の字……鶴嶺八幡宮
右の印……相州茅ヶ崎鎮座
中央の印……鶴嶺八幡宮
左の絵……秋詣で
Ｍｉｎｅｋｏ(巫女)

プロフィール
キャメレオン竹田さん
きゃめれおんたけだ
占星術研究家、波動セラピスト、画家、作家。国内外のパワースポットをめぐって、受信したメッセージを伝えるのがライフワーク。『開運ダイヤリー2020』など著書50冊以上。

パワースポットの達人に聞きました

幸運を手に入れるためには常にオープンマインドでいることが大切

神社やお寺におまいりするとき、どんなことに気をつければ開運につながるのでしょう。パワースポットの達人、キャメレオン竹田さんが教えてくれます。

家でじっとしてても運はやってこない

運ってね、ひとつの場所にとどまっていたら開けないんです。いろいろな場所を訪れて、いろいろな人や土地と結ばれて刺激を受ける。そうすることでエネルギーが循環されて気がめぐるようになるんです。

そのきっかけとして御朱印ってすばらしいですよね。最初は御朱印をもらうのが目的だっていいじゃないですか。きっかけなんてなんでもいい。とにかく一歩踏み出すことで、ビビッとくる出会いがあるかもしれない。恋愛だってそうでしょ。私も7年ほど前に初めて訪れた伊勢神宮で、天照大神と恋に落ちちゃったみたいなもの。それまでは神仏に敏感な方じゃありませんでしたが、「ここにも行ってみたほうがいいよ」という天照大神のアドバイスに導かれて、今までに全国1000近くの神社をはじめとするパワースポットを訪れました。

パワーはもらって返して循環させる

パワースポットでは、パワーをもらうばっかりじゃいけません。自分もパワーを与えなきゃ。例えば、境内でいい気を感じる木を見つけたら両手をそっと添える。基本的に気は左手から入って右手から出ていきますから、それを意識して自分の気もお返ししてください。そうすれば気の循環が生まれます。ひとつの場所にとどめておいてはいけないのは気も一緒なんです。

神様に対する感度が良くないという人は、敏感な人と一緒に行くといいですよ。その人がアンテナとなってくれるので、自分まで神様に対して心が開かれます。

「この神社はすごく気持ちがいいな」という場所を見つけたら、そこに何度も足を運ぶといいですね。そう感じるということは、そこの神様ととても相性がいいということ。その出会いは絶対に大切にしたほうがいい。神様だって、きっとあなたのことを気に入って、呼んでくれているんですから。その出会いに気がつくには、いつも心をオープンにしておくこと。過去や未来にとらわれず、今を楽しんで生きていれば、きっとすばらしい縁が結ばれますよ。

パワーストーンを神社のご神水で洗うのもルーティーン

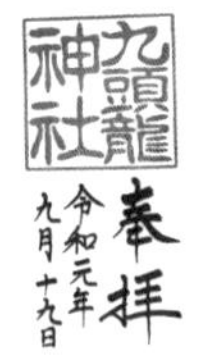

箱根町 **九頭龍神社** P115

九頭龍神社付近の湖の水は、パワフル。箱根神社の龍神水は、汲んで帰っていろいろ使うそうです

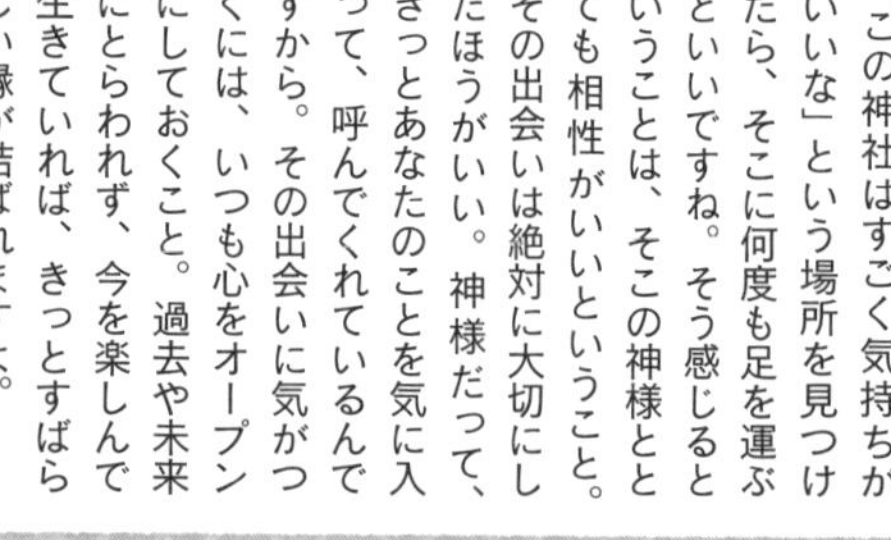

キャメレオン竹田さんのお気に入りはココ！

横須賀市 **西叶神社** P136

浦賀港を挟んで向かい合う西叶神社と東叶神社（→P137）は気の通りが抜群。両方セットでめぐるべし。写真は西叶神社の御朱印。

第2章

御朱印集めはじめよう！基本のキ

御朱印って何？お寺と神社って何が違うの？そんな御朱印ビギナーもご安心を。これさえ読めば、知っておきたいノウハウとマナーがわかります。

御朱印と御朱印帳

御朱印はいつ、どこでどのようにはじまり、いつ頃今のような形になったのでしょうか。まずは御朱印の歴史と意味を学びましょう。

もともとは納経帳！

御朱印は、巡礼者が書き写した経文をお寺に納めた際の受取印としてはじまったという説が有力です。

このため、今でも御朱印のことを「納経印（のうきょういん）」とよぶ場合もあります。印刷技術のなかった時代には、経典を書き写すことで功徳を積み、それをお寺に納めれば現世の安穏を得られると考えられていました。

表紙
多くの寺社ではオリジナルデザインの御朱印帳を用意しています。社紋や社殿などモチーフはさまざまです。

大塔宮の神鹿
令和元年九月五日

墨書（ぼくしょ）・押し印
墨で書かれた文字が墨書、朱色の印が押し印。墨書が金色だったり、押し印が多色だったりする場合も。

江戸時代後期には納経をしなくても御朱印が授与されるようになったといいます。

仏様や神様との絆

納経を行う人も機会も減り、明治時代になると神社でも御朱印を授与するようになるなど、御朱印が本来もつ「納経印」としての意味は薄れてきました。ただ、それでも神社仏閣を訪れ、心から参拝した証しとして御朱印をいただくことの価値までは失われません。御朱印をいただけば、そのときの参拝の思い出は長く心に残ります。御朱印は、神仏との縁を結んでくれるアイテムなのです。

蛇腹（じゃばら）折り
多くの御朱印帳は蛇腹折りでできています。基本サイズは縦16×横11cmが一般的ですが、大判タイプの18×12cmもあります（書置きで大判の場合もあるからです）。

一期一会の出合い

本書ではたくさんの御朱印を紹介していますが、実際に寺社に行っても、まったく同じものはいただけません。御朱印は、そのときいらっしゃる神職や住職による手書きが基本。書き手によって墨書に個性が表れ、押し印の位置も微妙に異なるのです。出合いが紡ぐ、世界でひとつだけのもの。これも御朱印の魅力です。

一生ものの趣味としてブームに

御朱印が一般の人にまで知れわたると、巡礼を伴わない御朱印集めというスタイルが誕生します。2010年代中頃にはパワースポットブームなどと結びつき、御朱印集めを趣味とする人が急増。旅行の合間などに手軽にできることも受けて、大ブームとなっています。

御朱印に書かれていること

墨書や押し印には
奥深い意味が込められています。
知れば楽しみ倍増。
不明な点は寺社の方に
尋ねてみましょう。

お寺でいただく御朱印の一例

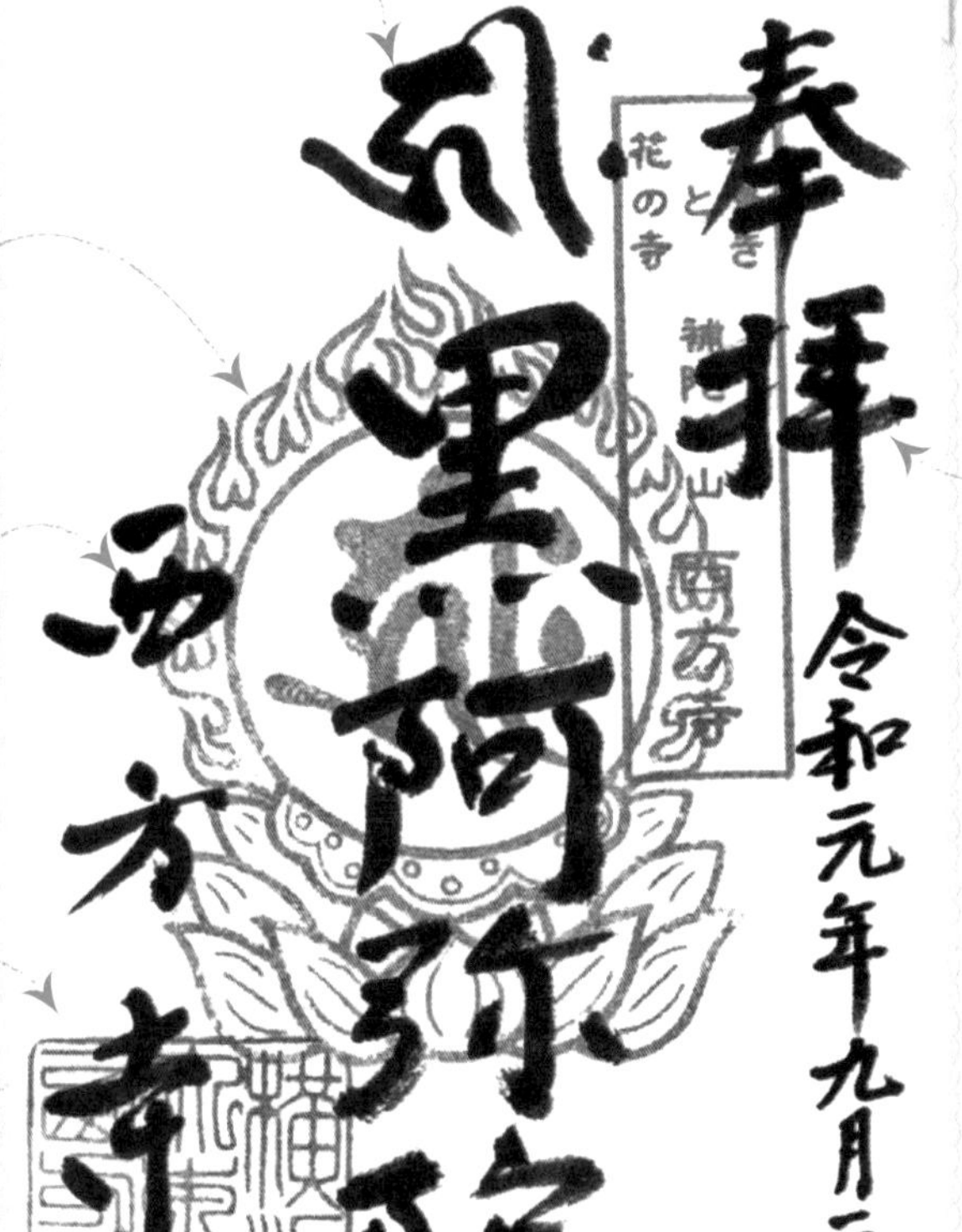

お寺の御朱印は、中央にご本尊やご本尊を祀るお堂の名前、左下にお寺の名前が墨書されるのが一般的です。押し印は、右上に霊場めぐりの札所になっている場合はそのことを、中央に三宝印（仏・法・僧を示す印）やご本尊を表す梵字、左下に篆書体で寺号や山号が押されることが多いようです。

奉拝・参拝
「謹んで拝します」という意味です。右上には札所霊場やお寺の通称などを示す朱印が押されることもあります

ご本尊名やお堂の名称
中央には祀られているご本尊の名前や、お堂の名前が書かれています

地名が入ることも
お寺によっては地名などが書かれる場合もあります

押し印
そのお寺を象徴する固有の印や、三宝印、ご本尊を梵字で表したご宝印などが押されます

寺号や寺格
お寺の名称が書かれます。山号が併記される場合もあります

お寺の押し印
お寺の名称を表した印が押されます

おまいりした年月日
参拝した年月日が書かれます

奉拝
阿弥陀
令和元年九月二十四日
西方寺

ソボクなギモン……❶
お寺用と神社用で御朱印帳は分けるべき？

明確な決まりはありませんが、一部のお寺では「神社の御朱印帳には書けません」と断られることも。少なくともお寺用と神社用の2冊は用意したほうがいいでしょう。さらに、地域別、ご利益別などで御朱印帳を分けても楽しいですね。

神社でいただく御朱印の一例

アピールポイントのあるものも!
神社によっては特徴が書かれたり、印が押されたりする場合があります

奉拝・参拝
「謹んで拝します」という意味です。通常は右上に書かれる場合が多いようです

さまざまな押し印
祀られている神様に由来する印や、神社の名物、境内の植物などをかたどった印です。社紋が押される場合もあります

神社名
中央には神社の名称が書かれます。祀っている神様の名前の場合もあります

地名が入ることも
神社の所在地や地名などが書かれる場合もあります

神社の押し印
神社の名称を表した印が押されます

おまいりした年月日
神社の名称を表した印が押されます

一般的に神社の御朱印はお寺に比べてシンプルです。基本となるのは、中央に押される神社名の印、「奉拝」と参拝日の墨書。神社によってはこれだけの場合もあります。ここに神社の紋章にあたる社紋や神紋の印、神社名の印の上に神社名の墨書が加えられるのが、多く見られるパターンです。

ソボクなギモン……②
御朱印帳以外の紙にも書いてもらえる?

ノートやメモ帳などには書いていただけません。もし御朱印帳を忘れてしまったら、その旨を伝えてください。多くの場合は、寺社で用意している紙に書いてくださるか、書置きの御朱印を授与していただけるはずです。帰宅後に御朱印帳に貼って保管しましょう。

お寺と神社の基本 その1

お寺と神社は私たちの生活に当たり前のように溶け込んでいます。でも、その成り立ちや歴史については知らないことも多いのでは? 事前に基礎知識を学んでおけば、参拝がさらに楽しくなるはずです。

お寺はどのようにはじまったの?

お寺は仏教の出家者が修行するための施設です。仏教は紀元前5世紀頃にインドの釈迦によって説かれました。当初はお寺も経文もありませんでしたが、出家者が増え、自然発生的に生まれたようです。

朝鮮半島を経て日本に伝わったのは飛鳥時代。時の権力者に保護され、聖武天皇の代には全国に国分寺が建立されました。

平安時代になると最澄と空海という日本仏教のキーパーソンが現れます。2人はともに中国に渡って仏教を学び、それぞれ比叡山で天台宗、高野山で真言宗を開きました。その後も宗派は増え、現在では主なものだけでも13あります。

主なご本尊はこちら

大日如来(だいにちにょらい)
真言宗における最高仏で、宇宙そのものとされています。如来像は質素な姿が多いのですが、大日如来は装身具をまとっています。

阿弥陀如来(あみだにょらい)
大乗仏教の仏のひとつで、さまざまな宗派で尊ばれています。生きとし生けるものすべてを救うとされる仏様です

釈迦如来(しゃかにょらい)
如来とは「悟りを開いた人」という意味で、釈迦如来とは仏教の開祖である釈迦が悟りを開いたあとの状態のことを指します

毘盧遮那如来(びるしゃなにょらい)
大乗仏教経典のひとつ「華厳経」における中心的な仏。密教では大日如来と同一。奈良の東大寺の大仏が毘盧遮那如来です

薬師如来(やくしにょらい)
病気平癒など現世利益をもたらしてくれる仏様として日本に伝来し、広く信仰されています

不動明王(ふどうみょうおう)
五大明王の筆頭で、大日如来の化身とされています。悪を断ちきる剣と救済の羂索(けんさく)を持っています。「お不動さん」という愛称もあります

お寺コラム 仏様にも序列がある!?

お寺でよく見る仏様は大きく4つのグループに分けられ、序列を守ったそれぞれの役割を果たしています。最高ランクは、悟りの境地を開いた仏様「如来」。続いて、如来になることが約束され、人びとを救済する「菩薩」。如来に背くと怒りの力で正しい道に導

神社はどのようにはじまったの？

海に囲まれ、高い山々の麓には豊かな森があり、四季折々に豊かな恵みがもたらされる日本において、自然は神そのものでした。古代の日本人は、恵みをもたらし、ときに災害を起こす森羅万象に神が宿っていると考えたのです。そうした神々が宿るのにふさわしい場所を選んで神坐を設けて神々を招き、また戻ってきてもらうために神事を行うようになったのが神社のはじまりです。

飛鳥時代には中国の寺院建築に影響を受け、聖域に大規模な神殿が建てられるようになりました。日本の神話のほとんどは『古事記』や『日本書紀』などによって伝わっています。江戸時代になると、商売繁盛の神とされる稲荷様も信仰されるようになりました。

主なご祭神はこちら

伊弉諾尊（いざなぎのみこと）

高天原（たかまがはら）に住む神々に命じられて矛で海をかき回し、できあがった島で伊弉冉尊と結婚。これが日本の元となりました

伊弉冉尊（いざなみのみこと）

伊奘諾尊の妹であり妻。伊奘諾尊との間に日本を形作る多数の神々を産んだことから、創造神として信仰されています

天照大神（あまてらすおおかみ）

天の岩戸伝説で有名な女神で、神々が住む高天原を治める。月読命（つくよみのみこと）、素盞嗚命と並び伊弉諾尊が産んだ三貴子のひとり

素盞嗚命（すさのおのみこと）

日本神話の代表神格で、出雲の祖神とされています。高天原から出雲に下り、八岐大蛇（やまたのおろち）を退治したことで有名です

大国主命（おおくにぬしのみこと）

素盞嗚命の娘と結婚した神で出雲大社のご祭神。天照大神に国土を献上したことから、国譲りの神とも呼ばれています

如来
菩薩
明王
天部

く「明王」。最後は、仏様やその教えを守り、現世利益をもたらすとされる「天部」です。

お寺と神社の基本 その2

ご本尊やご祭神を祀る建物も、時代を経るにしたがって様式が分けられるようになりました。本堂や本殿の建築についても注目してみましょう。

お寺 本堂の屋根の形にも注目！

神社の屋根は茅葺きや檜皮葺きなど天然素材、または銅葺きなど金属素材が多いのに対し、お寺の大多数は瓦屋根。さらに形状は切妻造、寄棟造、入母屋造、宝形造の4種類に大別されます。

また、建築様式では日本古来の和様建築と、鎌倉時代に中国から伝わった大仏様や禅宗様に分けられます。

宝形造
屋根の頂部に水平を造らない、いわゆる四角錐の形状をしています。バリエーションとして六角形や八角形もあります

切妻造
本を開いて建物の上に被せたような、屋根形状ではもっともシンプルなスタイル。かつては一番格の高い形とされていました

寄棟造
屋根の面が4方向に傾斜しているのが特徴で、四注造ともよばれます。日本だけでなく世界各地の住宅にも見られる形状です

入母屋造
上部は切妻造、下部は寄棟造というハイブリッド。仏教建築に多く見られます

今さら聞けない 寺院用語

住職 「住持職」の略で、一般的に寺院を代表する僧侶のこと。資格規定は宗派によって異なり、和尚、方丈といった呼び方をする場合もあります。

総本山 各宗派によって、特別の格を与えられた寺院を本山といい、総本山はそれら本山を統括する寺院のこと。例えば華厳宗の総本山は東大寺、天台宗の総本山は延暦寺です。

神仏習合 神と仏を調和させ、神道と仏教を融合すること。奈良時代に始まり、明治維新後の神仏分離政策まで続きました。それまでは神前で読経するなどされていたそうです。

題目 日蓮宗や法華宗の勤行で唱えられる「南無妙法蓮華経」の7文字のこと。念ずるだけで功徳があるといいます。

説教 宗教の教義や経典の内容を、信者にわかりやすく説き聞かせること。またはその話自体。

神社 本殿の形にも注目！

神明造（しんめいづくり）
屋根が沿っていないため直線的な外観なのが特徴。建物の長辺である平（ひら）に入口があります

大社造（たいしゃづくり）
建物はほぼ正方形。屋根に優美な曲線が与えられているのと、妻入（つまいり）で入口が向かって右側にあるのが特徴です

権現造（ごんげんづくり）
本殿と拝殿の間を別棟の石の間で連結しています。日光東照宮など、多くの神社で見られる様式です

流造（ながれづくり）
全国でもっとも多い本殿形式。屋根の前のほうが長く伸びていて、庇（ひさし）となっっているのが特徴です

神社の本殿の建築様式は、いくつかの種類に分けられます。代表的なのは伊勢神宮の「神明造」と出雲大社の「大社造」。どちらも定期的に建て替えるので、創建当時とほぼ変わらない姿を今に伝えています。ほとんどの様式に通じるのは、妻があることと、瓦と土塀を用いないことです。

今さら聞けない 神社用語

神職（しんしょく） 神社で祭事や事務に従事する人の総称。役職は一般的に上から宮司、権宮司、禰宜（ねぎ）、権禰宜と続きます。女性も神職になれます。

巫女（みこ） 神に仕える女性のこと。古来は神楽や祈祷、占いをしたりするのが役割でしたが、現在では神職の補佐が主な役割となっています。

氏神（うじがみ） 同じ地域に住む血縁関係にある人たちが共同で祀る神様のこと。地縁関係にある人たちが祀る鎮守の神様である産土神（うぶすながみ）とは本来別のものですが、現在は区別が曖昧になっています。

大祓（おおはらえ） 6月と12月に行われる行事で、穢れや災厄の原因となる罪や過ちを祓い清めるのが目的。

注連縄（しめなわ） 神界の入口を示しており、縄に白い紙垂（しで）を下げるのが基本。天照大神が天岩戸から出た際、二度と入れないよう注連縄で戸を塞いだのが起源。

お寺と神社の基本

その3

お寺や神社の境内には
さまざまな建物があります。
その中で、主だったものをご紹介。
どの建物にどんな意味があるのか知れば、
おまいりがより有意義になるでしょう。

お寺

境内の一例

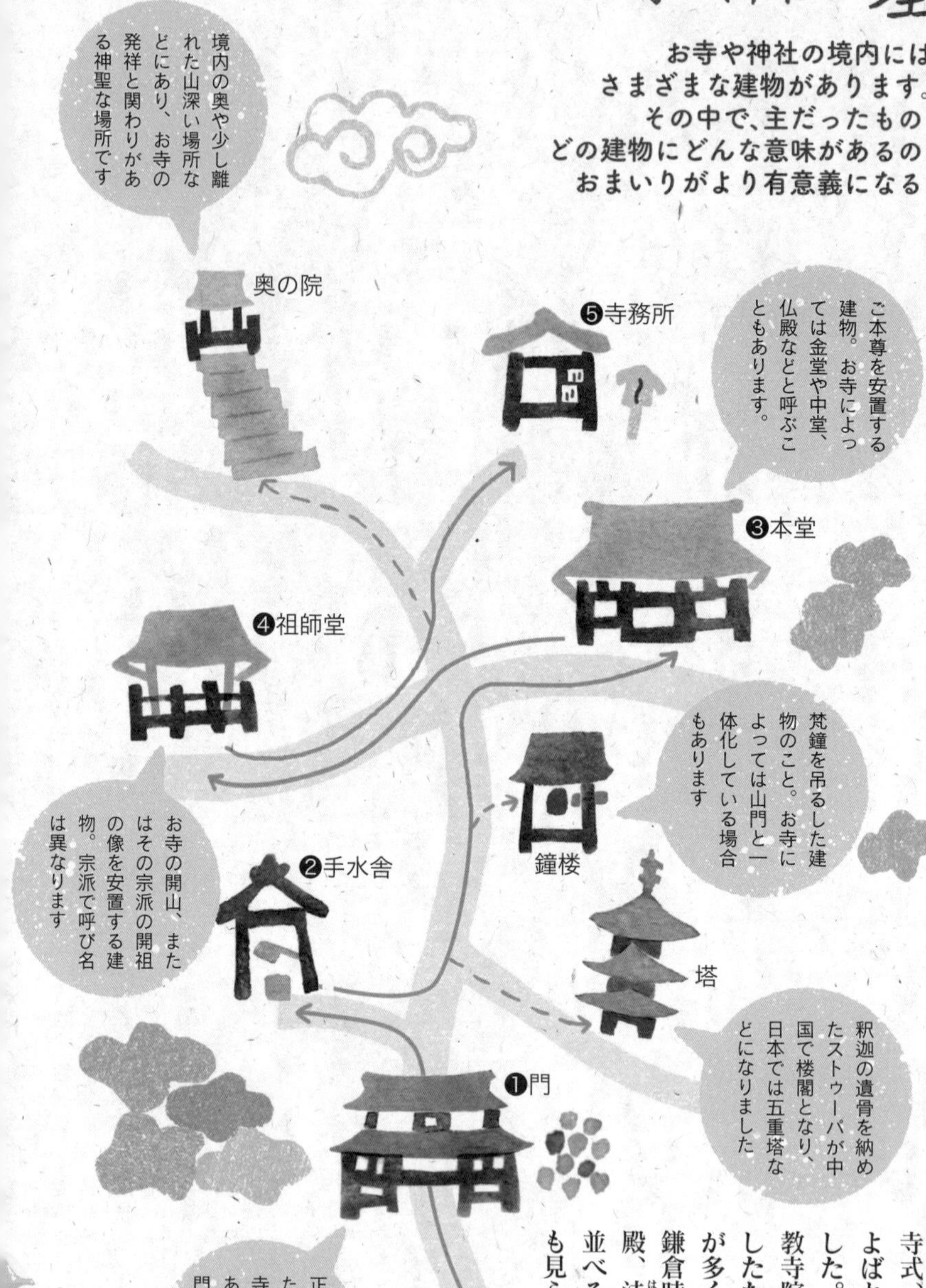

塔、金堂（こんどう）（本堂）、講堂、鐘楼など主要な建物の配置方法は、飛鳥時代から奈良時代にかけて形式化され、四天王寺式、法隆寺式、川原寺（かわはらでら）式などとよばれるようになりました。平安時代には密教寺院が山中を境内としたため不規則な配置が多くなりましたが、鎌倉時代には山門、仏殿、法堂（はっとう）を一直線上に並べる禅宗寺院の形式も見られるように。

奥の院

境内の奥や少し離れた山深い場所などにあり、お寺の発祥と関わりがある神聖な場所です

❺寺務所

❸本堂

ご本尊を安置する建物。お寺によっては金堂や中堂、仏殿などと呼ぶこともあります。

❹祖師堂

お寺の開山、またはその宗派の開祖の像を安置する建物。宗派で呼び名は異なります

鐘楼

梵鐘を吊るした建物のこと。お寺によっては山門と一体化している場合もあります

❷手水舎

塔

釈迦の遺骨を納めたストゥーパが中国で楼閣となり、日本では五重塔などになりました

❶門

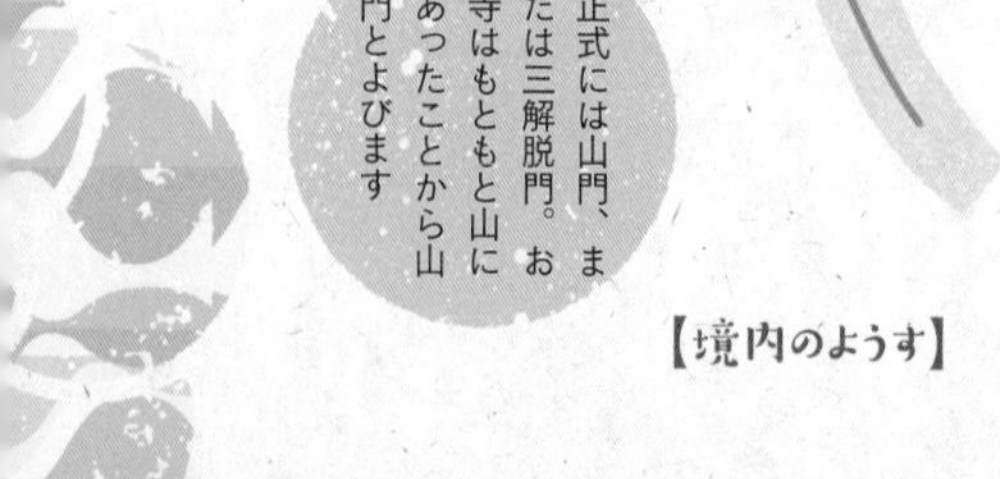

正式には山門、または三解脱門。お寺はもともと山にあったことから山門とよびます

【境内のようす】

神社

境内の一例

お寺と比べると神社の境内はずっとシンプル。基本的には鳥居、拝殿、本殿で構成されています。鳥居をくぐって狛犬に挟まれた参道を進み、手水舎（ちょうずや）に向かいます。身を清めたら拝殿へ。本殿は拝殿の影に隠れて見えない場合も多いので、こちらで手を合わせます。摂社や末社がある神社では、そちらにもおまいりしましょう。

【境内のようす】

お寺 神社 参拝マナーをおさらい

御朱印は、おまいりを済ませたあとに仏様や神様との絆を結んだ証としていただくもの。そこで、きちんと知っておきたいのが参拝手順。寺社によって異なる部分もありますが、一般的な参拝手順を知っておくことは大切です。

1 境内に入る

山門、鳥居をくぐる前に一礼してから境内へ。帽子やサングラスはここで外しましょう。神社の参道の中央は歩かないのが基本です。

神社 鳥居の前では一礼を

お寺 門をくぐる前に一礼を

2 手水舎(ちょうずや)で身を清める

「禊(みそぎ)」の儀式を簡略化したのが手水舎での手順。神仏の前に立つ前に身の穢れを清めます。輪袈裟(わげさ)や念珠を身につける場合は、ここで身を清めてから整えます。

手水舎(ちょうずや)での手順

❶左手を洗う

❷右手を洗う

❸左手で水を受け、口をすすぐ

❹もう一度、左手を洗う

❺残った水を柄杓(ひしゃく)の柄に流して清める

これは注意!

参拝前に御朱印をいただく

参拝後にいただくのがマナーですが、最近では参拝前に御朱印帳を預け、参拝している間に御朱印を書いていただくシステムを採用している場合も。

ペットを同伴する

一部の寺社では認められていますが、基本的にはペット同伴はNG。動物を不浄なものとする考え以上に、ほかの参拝者とのトラブル防止のためです。

境内での飲食

境内は神聖な場所なので、指定された場所以外での飲食は避けるのがマナー。寺社によっては厳格に禁止している場合もあるので確認してください。

③ おまいりする

お寺なら本堂、神社なら拝殿の前に立ち、それぞれの作法に則っておまいりしましょう。その後、お寺なら祖師堂、神社なら摂社・末社にもおまいりを。

※二拝四拍手一拝など、神社によっては異なる場合もあります。

④ 寺務所や社務所で御朱印をいただく

おまいりがすんだら寺務所、社務所に行って、御朱印をいただきたい旨を伝えましょう。御朱印帳を渡し、書き上がったあとによばれたらお礼を言って受け取りましょう。

神社

お寺

❶参拝後に寺務所や社務所へ

小銭を用意し、御朱印帳カバーなどは外しておこう

❷静かに待つ

目の前で書いていただけるとは限らない

❸両手でありがたくいただく

知っておきたい 御朱印めぐりQ&A

これから御朱印集めをはじめる人が感じる素朴な疑問。あんなことやこんなことについてお答えします!

Q 地元のお寺や神社も、宗派などを問わず御朱印はいただけるの?

A ほとんどの寺社でいただけます

基本的に個人の宗派や住んでいる場所に関係なくいただけますが、一部宗派では受け付けていないお寺もあります。また、日蓮宗ではお題目が書かれたものを御首題(こしゅだい)と呼びます。

Q 御朱印をいただくなら何時頃がベスト?

A 9〜16時が一般的

境内の開門時間と御朱印の受付時間は別なので注意が必要。ほとんどの寺社では9〜16時までの間に御朱印をいただけます。受付時間外にお願いするのはマナー違反。

Q 御朱印をいただけないときもあるの?

A 授与の強要は絶対にNG

書き手が不在だったり、神事、法事などで多忙な場合は対応できないこともあります。そうしたときのために、書き置きの御朱印を用意してくださっている寺社もあります。

Q 本に掲載しているものと同じ御朱印をいただける?

A 御朱印はそのときだけのオンリーワン

書き手が変われば筆致は変わります。期間限定の御朱印が登場し、通常御朱印はいただけないこともあります。期待したとおりの御朱印でなくても、それが縁と受け止めましょう。

Q どうしてひとつの寺社にいろいろな御朱印があるの?

A 大規模な寺社ほど多様な傾向

大規模な寺社では本堂だけでなく摂社、末社、奥の院などそれぞれに御朱印を用意していることも。そんなときは、自分の希望する御朱印をはっきり伝えましょう。

Q 御朱印をいただくときに納めるべき金額は?

A 300円か500円が大多数

ほとんどは300円か500円ですが、1000円のものや、志納(気持ち)としている寺社も。あくまでも購入するものではないため、おつりが発生しないようにしましょう。

Q 御朱印所が境内で見つからないときは？

A **まずは寺務所か社務所へ**

基本的には境内のなかの寺務所か社務所でいただけます。寺社によっては御朱印所が独立して別の場所にあることがあります。不明な場合は寺社の方に尋ねてみて。

Q 御朱印をいただいたあとに話しかけても大丈夫？

A **わからないことは聞いてみて**

受付が混んでいなければ神仏のことや宗派の教え、寺社の歴史などについて質問してもかまいません。ただし、ほかの人の迷惑にならないよう、あまり長くならないように注意。

Q 一度に複数の御朱印をいただいてもいいの？

A **すべておまいりしていただくのがマナー**

本堂、摂社、末社、奥の院、観音堂などそれぞれに御朱印がある場合は、それらにすべておまいりしたうえでいただくのであれば、マナー違反にはならないでしょう。

Q 御朱印帳を渡すときの注意点は？

A **御朱印帳の上下をチェック**

御朱印帳カバーやはさみ紙は取り除いてください。御朱印帳を逆さまにしないよう注意しながら、両手を添えて渡します。御朱印帳には名前を書いておくといいでしょう。

Q 携帯すると便利なものは？

A **御朱印帳入れは必携**

カバンの中に入れた御朱印帳が開いてしまい、中身が折れたり汚れたりするのを防ぐために、御朱印帳袋や御朱印帳カバー、もしくは御朱印帳バンドを使用しましょう。

Q 御朱印ビギナーが気をつけることは？

A **神仏への敬意を忘れないで**

神仏への敬意を忘れないようにしながら、素敵な御朱印をいただいてください。御朱印帳は仏壇や神棚に、ない場合は自分なりに神聖なスペースを作って保管しましょう。

知っておきたい参拝Q&A

お寺や神社での参拝について実はよく知らない…そんな方に、こちらのQ&Aで役立つ知識をご紹介します。

Q 参拝に向いている時間帯は？

A 朝がおすすめ

開門時間後であれば、早ければ早いほどいいでしょう。人が少なく、境内が一日の始まりのエネルギーで満ち溢れているのが理由です。すがすがしい気分で参拝できますよ。

Q お賽銭はいくら入れればいいの？

A 金額よりも気持ちが大事

高額であればいいわけではないので無理のない範囲でかまいません。お賽銭は、願いを聞いてもらうときではなく叶ったときに感謝の気持ちを込めて納めるものとされています。

Q おみくじは結ぶの？持ち帰るの？

A どちらでも大丈夫

おみくじは、その内容を生活に生かすのが主目的。持ち歩いて読み返すのがいいという考えもありますし、境内の所定の場所に結んで神仏との縁を結ぶという考えもあります。

Q 摂社や末社をおまいりする順番ってあるの？

A 順番に決まりはない

すべての摂社、末社におまいりする必要はありませんし、順番にも決まりはありません。ただ、基本的には拝殿で参拝してから摂社、末社へ進むのがいいでしょう。

Q 神無月におまいりしても意味がない？

A 留守神がいるので大丈夫

神無月（10月）は日本中の神様が出雲大社に集まるため、出雲以外の神社が神様不在になってしまうとも。しかし、ご祭神の分霊が留守を預かるとされるので大丈夫です。

Q 参拝にはどんな服装がベスト？

A おすすめは正装

堅苦しく考える必要はありませんが、あまりにも肌が露出した服装はやめましょう。また、祈祷を受けるため拝殿や本堂に上がる場合などは正装したほうがいいでしょう。

Q 参拝はどれくらいの頻度がいいの？

A **回数が多ければいいというわけではない**

年に一度の参拝が少なすぎるということはありませんし、毎日の参拝が多すぎるということもありません。行きたいと思ったときに、まっすぐな気持ちで神仏と向き合えばＯＫ。

Q 神宮とか大社って何が違うの？

A **神社の称号の違い**

神宮は皇室の祖先や皇室とゆかりの深い神社。大社はもともと出雲大社だけでしたが、戦後には全国の大規模で広く崇敬を集める神社にも呼び名が与えられました。

Q お守りに有効期限はあるの？

A **基本的には1年が期限**

1年を過ぎると効力がなくなるばかりか穢れが蓄積されるといわれているので、いただいた寺社に返納しましょう。1年経っていなくても願いが叶えば返納してください。

Q 境内は撮影してもいいの？

A **寺社のルールに従おう**

拝殿内や本殿前は撮影禁止という寺社が多いようです。また、フラッシュは古い建物にダメージを与えるので控えて。自撮り棒やドローン、三脚も基本的にＮＧです。

Q 生理中の参拝はＮＧってホント？

A **神経質になる必要はない**

生理中は気が乱れているので、気が整うまで参拝は控えたほうがいい、といわれていた時代もあったようですが、現代ではそんなことはありません。気にせず参拝を楽しんで。

Q 参拝時の柏手ってどんな意味があるの？

A **神様をお招きするためのもの**

神社でおまいりするときに二度手を打つ柏手は、神様を呼び出すため、邪気を払うためなどの意味があります。手のひらを少し上下にずらして打つといい音がしてベター。

箱根神社の湖水祭！

神奈川のお祭り&イベントをチェック！

海も山もある神奈川県では、
自然の絶景を楽しみながらおまいりできるイベントから、
歴史ある行事までさまざま開催されています。
最新情報を確認して、おでかけしてみましょう。

七夕祭で良縁を祈って…

1月 2月 3月 4月 5月 6月 7月 8月 9月 10月 11月 12月

1月1・2・3日

鎌倉えびす

本覚寺 …P102

鎌倉えびすは、商売繁盛、家内安全を祈願する催し。境内は、赤白の提灯が沢山飾られ華やかな雰囲気になります。

1月3日

出雲大社相模分祠福迎祭

出雲大社相模分祠 …P84

「幸せの福むすび」をお祈りして、大国様・恵比寿様の親子神が揃って福わけをする正月行事です。伊勢ヶ浜部屋の力士による福餅まきが催されます。

2月 初午の日

初午祭

佐助稲荷神社 …P94

古くから食物の神として広く信仰されてきた稲荷社で行われる神事。春の農作業開始の前に、その年の豊作を祈願します。現在では、商運祈願の参詣者も多くみられます。

3月 中旬〜下旬

御影供（みえく）まつり

川崎大師平間寺 …P98

弘法大師・空海上人を追慕し、心から報恩感謝の誠を捧げるもので、「正御影供」の3日間を中心に3月18日から24日の1週間行われます。境内は五色の吹流しやぼんぼりで飾られ、華やいだ春の装いを呈します。

3月 下旬

献詠披講式

鶴岡八幡宮 …P82

源頼朝が行った「管弦詩歌の儀」にちなんで行われるようになったという献詠披講式。3月の最終日曜に行われます。

4月8日

花祭り

建長寺 …P58

降誕会という、釈迦の誕生日を祝う法会です。建長寺では、法堂に花御堂が置かれ、10時より降誕会が行われます。釈迦像に甘茶を掛けるなどをして、人々の幸せを願います。

5月5日

草鹿神事

鎌倉宮 …P57

源頼朝が富士の巻狩（まきがり）を催した際に草を束ねて鹿の形を作り、稽古したのが起源。烏帽子、直垂姿の射手が候言葉を交わしながら、古式にのっとり、鹿の形をした的に向かって矢を放ちます。

5月5日

若葉祭

伊勢原大神宮 …P83

子供たちが『若竹』のようにすくすくと成長することを願い、祈願祭ならびに各行事が行われます。境内にはこいのぼりがおよぎ、フリーマーケットや出店などで賑わいます。

6月3日

葛原岡神社例祭

葛原岡神社 …P85

墓前祭、神前祭が執り行われます。例大祭の一環である由比ヶ浜の宵宮と本祭は6月の最初の土・日曜に行われます。

6月30日

伊勢山皇大神宮大祓式

伊勢山皇大神宮 …P138

年内の無病息災を祈る行事。人の形をした和紙で体をさすり、半年間のけがれを紙に移し、切麻で清めたのち、神職に続いて茅の輪をくぐります。12月31日と年2回行われます。

7月7日

七夕祭

鶴岡八幡宮 …P82

7月1日から7日まで鈴かけ神事が行われ、7日には舞殿で七夕祭が行われます。さまざまなご縁が祈願されます。

7月11・12・13日

大町まつり

八雲神社 …P99

鎌倉の９００年以上続く、八雲神社の伝統行事。提灯に火を入れた四社の神輿が幻想的な雰囲気です。

7月 下旬の土、日曜

観蓮会

光明寺 …P102

毎年ハスの季節に行われます。抹茶席や、象鼻杯の体験などもあります。詳細お問合せは、光明寺へ（0467-22-0603）。

8月10日

四万六千日詣り

杉本寺 …P67

観音菩薩をおまいりする縁日、8月10日に観音様におまいりすると四万六千日分のおまいりしたのと同じご利益を授かるといわれています。

8月16日

閻魔縁日

円応寺 …P38

地獄の蓋が開き1日だけすべての餓鬼が解放される日。その餓鬼を供養して地獄の苦しみから救うため、施餓鬼会を行います。餓鬼を供養したその功徳をおまいりした人々がいただく日です。

9月18日

鎌倉神楽、面掛行列

御霊神社 …P105

五穀豊穣を祈る鎌倉神楽の後、田楽面などをつけた10人の面掛衆と神輿の行列が行われます。

10月 第1日曜

人形供養

本覚寺 …P102

鎌倉唯一の人形供養。物を大切にするという考え方から生まれた行事。供養希望者は9月中に人形を本覚寺へ（有料。詳細は（0467-22-0490）当日の受付はありません。

10月12・13・14・15日

光明寺十夜法要

光明寺 …P102

500年以上続く歴史あるお祭り。13日と14日に行われる練行列や、夜店など多くの人で賑わいます。

11月 中旬〜下旬

大山の紅葉ライトアップ

大山寺・大山阿夫利神社 …P68

紅葉の名所とである大山では、紅葉がライトアップされ夜景が楽しめます。期間中はケーブルカーも特別運行されます。

12月18日

歳の市

長谷寺 …P104

参道にだるまや暦、熊手など新年を迎える縁起物などを売る市がたち賑わいます。鎌倉で唯一残る年の瀬の風物詩です。

12月31日

師走大祓式

寒川神社 …P130

大祓式は、6月と12月の年に2回斎行され、半年間の罪や穢れをとり、身を清め、次の半年の平穏を祈念します。大祓式のあとには、除夜祭が行われて一年を締めくくります。

第3章

テーマでめぐる御朱印

御朱印自体の特徴や寺社のロケーションで、御朱印をいくつかのジャンルに分けてご紹介。きっとあなた好みの一枚が見つかります。

❶ 彩り豊かで美しい1枚

カラフルで美しい御朱印は見ているだけで楽しい気持ちになります。華やかに描かれている絵や文字の意味を感じながら、御朱印をひとつの作品として見ることで、新しい発見があるかもしれません。

またまいります 手を合わせて 心に思う

本堂には久遠のお釈迦様、日蓮大聖人を中心に、七面天女、鬼子母神、帝釈天、救世観音が祀られています

横浜市

妙恵寺

●みょうけいじ

四季折々の花が咲く御朱印

愛らしい季節の花々のなかにしたためられた大事な教え。ときどき読み返すと心の結び目がすっとほどけていくことでしょう。

昭和の初めに先々代のご住職が開創した「七面教会」が前身で、1997年に寺号公称し「妙恵寺」が生まれました。仏教はよりよく生きる知恵を与えてくれるものであり、お寺は開かれた空間であるべきというお考えのもと、オープンなお寺創りをされています。たびたび参拝に訪れる"リピーターさん"が多いのは、妙恵寺のみなさんの温かい心尽くしが伝わるからなのでしょう。こちらでは、季節を感じる色鮮やかな花々を描いた季節替わりの御朱印を頒布しています。御朱印とともに解説書をいただけるので、御朱印の意味をより深く知ることができます。

本堂に飾られている寺宝のひとつ、日本画家・獏黙庵子が描いた屏風絵

本堂の入口に掲げられている扁額。「妙恵寺」の文字は先代の開山上人のご住職が書かれたものだそう

お気軽にお越しください!

+α メモ

季節限定御朱印を書かれている副住職さんが遠寿院大荒行堂に入行(修行)しているため、季節限定御朱印の頒布を中止しています。2020年の春頃より再開する予定。春の花の開花とともに新たな御朱印の頒布も心待ちにしましょう。

梅花の歌を添え
新時代の幕開けを祝す

右ページ・中央の字…初春の令月にして気淑く風和ぎ 梅は鏡前の粉を披き 蘭は珮後の香を薫す（出典『万葉集』）／右の印…水引
左ページ・右の字…令法久住／中央の字…南無妙法蓮華経／左の字…和顔為説 横浜 七面山 妙恵寺／右の印…上・水引 下・七面大明神／中央の印…円形曼荼羅／左の印…上・水引 下・七面山妙恵寺之印

☞住宅街にたたずむお寺。2階が本堂になっており、御朱印を頒布する日には玄関に看板が掛けてあります

妙法蓮華経は
蓮の花の教え

右ページ・中央の字…蓮はきよきもの 泥よりいでたり 月は山より いでて山をてらす わざわいは口より出でて 身をやぶる さいわいは心より出でて 我をかざる 日蓮聖人御遺文『重須殿女房御返事』／右の印…上・蓮の花／中央の印…蓮の葉／左の印…上・蓮の葉
左ページ・右の字…不染世間法／中央の字…南無妙法蓮華経／左の字…如蓮華在水 横浜 七面山 妙恵寺／右の印…上・蓮の花 蓮の葉 下・七面大明神／中央の印…円形曼荼羅／左の印…上・蓮の花 蓮の葉下・七面山妙恵寺之印

お釈迦様の遺徳に感謝し
この命のまま尊きを知る

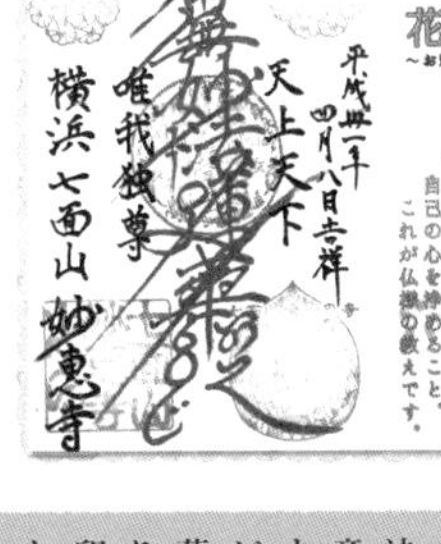

右ページ・中央の字…七仏通戒偈 諸悪莫作 衆善奉行 自浄其意 是諸仏教 いかなる悪も行わず、善いことを行い、自己の心を清めること。これが仏教の教えです。／右の印…幾何学的な花
左ページ・右の字…天上天下／中央の字…南無妙法蓮華経／左の字…唯我独尊 横浜 七面山 妙恵寺／右の印…上・幾何学的な花 下・七面大明神／中央の印…円形曼荼羅／左の印…上・幾何学的な花 下・七面山妙恵寺之印

☞右ページには、妙恵寺にお祀りされている七面大明神様のオリジナルイラスト等と季節に合わせた日蓮聖人のお言葉などが添えられています。左ページには、南無妙法蓮華経の御首題とテーマに応じた経文の一節を両脇に添えてあります。

日蓮宗の御首題とは

御朱印と日蓮宗の御首題の違いについて知りましょう

日蓮宗では「御首題」といって、御朱印とは区別しています。「御首題」は「南無妙法蓮華経」のお題目のことで、「御首題帳」にはお題目と寺の名前を書いて朱印を押していただきます。そこには法華経に対する信仰の証という意味があります。

また神社や他宗派寺院の御朱印が混じった御朱印帳の場合、日蓮宗寺院では断られることもありますので、日蓮宗専用の御朱印帳（御首題帳）を準備しておくと安心です。なお妙恵寺では、多くの人にお題目とのご縁を結んでいただくため、どなたにも御首題をお書きしております。

リピーター続出！

手作りの御朱印帳留めと栞

お寺のみなさんの温かい人柄にふれ、またおまいりに来たいと再訪する参拝者の多い妙恵寺。そんな方々のなかに手芸がお好きな方がいて「参拝に来た方にお分けください」と、とてもかわいい御朱印帳留めや栞を作り、寄進してくださったのだそうです。

☞水引の御朱印帳留め

☞御朱印帳の栞

☞妙恵寺の本尊脇に安置された植髪鬼子母神像。柔和な表情の七面大明神像と、厳しい表情の鬼子母神像の2躯の女神像を祀っています

本堂は2階です

DATA 妙恵寺

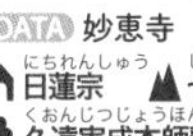

日蓮宗（にちれんしゅう） 七面山（しちめんざん）
久遠実成本師釈迦牟尼仏（くおんじつじょうほんししゃかむにぶつ）
1997年
住 横浜市南区六ッ川2-38-8
交 京急本線弘明寺駅から徒歩15分
料 志納

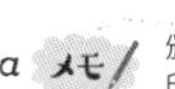

+α メモ 頒布の日時など御朱印に関する情報は、妙恵寺の公式Instagram（@myoukeiji76）で配信しています。季節限定御朱印は副住職が不在の場合はいただけません。おまいり前に必ずチェックしていきましょう。

相模原市

荒野開発の守り神

相模原氷川神社

●さがみはらひかわじんじゃ

江戸末期、清兵衛新田の開発によって開かれた地に、開拓者たちの鎮守として創建された神社です。

小 山村の豪農、原清兵衛光保が開墾した地に、入植者の心のよりどころとなるよう天保14年(1843)に武蔵国南多摩郡上椚田村(現在の八王子市)の村社氷川神社より分霊をいただき、創建されました。ご祭神は素盞嗚尊（すさのおのみこと）で、ご祈祷を受ける人も多くいます。末社の福徳稲荷大神は、殖産興業・金運向上の神様。また子授けと子どもの成長にご利益があるといわれる安産子育て地蔵尊が境内の一角にあります。

☞本殿は、白蛇伝説があり、相原の「外の御前」の建物を清兵衛新田に譲ったものといわれています

☞境内には明治45年(1912)に建てられた清兵衛新田開墾記念碑があり、15代将軍徳川慶喜の揮毫です

干支や季節をちりばめ まるで歳時記のよう

● 御大典奉祝記念

右の印…御大典奉祝記念／中央の印…相模原 氷川神社 清新／右下の印…福徳／左下の印…亥(干支)

☞天皇陛下即位を記念した御朱印。通常のものも同様に福徳稲荷大神や年ごとに干支の印も

お地蔵様に子どもの健康を祈願する

☞福徳稲荷大神。毎年2月11日には初午祭が執り行われます

☞秋葉大権現と榛名大権現の石燈も祀られている境内

☞境内に弘化3年(1847)に建立された安産子育地蔵尊も

ご利益おもちかえり

安産御守 1000円

☞安産や子育てでおまいりする人が多く、子授御守800円とともに人気

八方除守 1000円

☞龍、白虎、朱雀、玄武の四神をあしらい災いを除け、幸運を授けてくれます

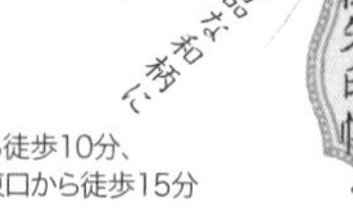

ココだけの御朱印帳！

上品な和柄に癒やされます

☞ピンク地に手毬をあしらった御朱印帳。ほかに黒字に花菱をデザインしたものも。1500円

DATA 相模原氷川神社

素盞嗚尊（すさのおのみこと）

流造（ながれづくり）

住 相模原市中央区清新4-1-5

交 JR横浜線相模原駅南口から徒歩10分、またはJR相模線南橋本駅東口から徒歩15分

料 無料

+α メモ 本殿覆殿は、昭和38年(1963)、鳥居は、昭和45年(1970)、拝殿は、昭和49年(1974)に建立されたものだが、秋葉大権現と榛名大権現の石碑は、創建の天保14年(1843)に原清兵衛が奉納したもの。

相模原市

万事、向上に導く八幡様

亀ヶ池八幡宮

●かめがいけはちまんぐう

創建は不詳ながら、建保2年(1214)上溝の地に八幡大神が鎮座し、北相模の守護神として信仰されたのが始まり。中世以降、武士の崇敬が篤く、源頼朝の重臣侍所別当和田義盛が武運長久必勝を祈願し、御神助を得たといわれています。

幸運を呼びそうな2つの紋と3色の印

右の字…奉拝／中央の字…亀ヶ池八幡宮／中央の印…左上・三つ巴　右上・鳩亀稲中・北相模　亀ヶ池八幡宮　総守護社　下・社叢林

☞御朱印は2種類で、境内社の招福稲荷神社のものもあります

ココだけの御朱印帳！

三つ巴の紋が入った御朱印帳1800円☞

☞鎮座800年を記念して2014年に完成した総檜の壮麗な社殿。権現造の屋根は銅板で葺かれています

ココにも注目！

宇迦之御魂神(倉稲魂神)を祀る境内社の亀八招福稲荷神社

ご利益おもちかえり

☞亀のように忍耐強く着実に前へ進めるよう祈祷

亀願守1000円

☞仲良く寄り添う親子の亀をデザインして、安全運転を祈願します

交通安全ステッカー大1000円小800円

DATA 亀ヶ池八幡宮

誉田別命(ほむたわけのみこと)

建保2年(1214)ほか諸説あり

権現造(ごんげんづくり)

住 相模原市中央区上溝1678

交 JR相模線上溝駅西口から徒歩15分

料 無料

+α メモ　文禄5年(1596)の建築で一間社流造としては県内最古の招福稲荷神社をはじめ、七福神すべてにおまいりできる一ヶ所七福神やゴールド免許にあやかったゴールド神社、夫婦イチョウなど、ゆっくり時間をかけて参拝しましょう。

横浜市

高台にたたずむ質実剛健のお寺

泥牛庵

●でいぎゅうあん

泥牛庵が立つ高台は、金沢に陣屋が置かれていた時代「御茶山」とよばれる藩主の見晴台でした。鎌倉時代の末期、14代執権・北条高時が持仏の聖観音菩薩像を南山士雲禅師に託し開山しました。士雲禅師は煩悩を泥に、仏を牛に喩えたそうです。

☞鎮座する聖観世音菩薩像は北条高時の護持仏　☞見事な藁葺き屋根の山門

ココにも注目！

境内にはかわいい石像などが点在し、ほっこり和やかな空気が流れています

☞境内にある地蔵尊と庚申塔

淡色で描かれる牛は仏様の御心

右の字…奉拝／中央の字…聖観世音菩薩／左の字…吼月山泥牛庵

右の印…吼月山／中央の印…仏法僧宝(三宝印)／左の印…泥牛禅庵

☞聖観世音菩薩像の御朱印。力強くも優しさを感じる筆使いが印象的です

DATA 泥牛庵

臨済宗(りんざいしゅう)　吼月山(くげつざん)

聖観世音菩薩(しょうかんぜおんぼさつ)

正中2年(1325)　入母屋造(いりもやづくり)

住 横浜市金沢区瀬戸11-15

交 京急横浜シーサイドライン金沢八景駅東口から徒歩3分

料 無料

+α メモ　春には見事な桜が咲き誇ります。書き置きの御朱印も用意されていますが、御朱印帳への直書きを希望の場合は、事前に電話で確認をしましょう。(045-701-6831)受付時間は10〜14時。

❷ 印象的で見事な筆さばき

ぱっと目を引く特徴的な筆さばき。御朱印の墨書は手書きのため、同じものがひとつとしてないのが魅力。思わず自慢したくなるような、存在感のある御朱印をご紹介！

☜本堂は、木造閻魔王坐像をはじめ、貴重な重要文化財の宝庫

豪快な筆使いで極太の「十王」の文字

右の字……奉拝
中央の字…十王
左の字……鎌倉　円応寺
右の印……新居山
中央の印…仏法僧宝（三宝印）
左の印……子そだてえんま円応寺

冥界の十王すべてが文字に込められているかのような迫力

ご利益おもちかえり

御姿 1000円
☜子どもが丈夫に育つための健康祈願や合格祈願に

御守 500円
☜閻魔様に守っていただく、身代わり板守

鎌倉市

閻魔様と冥界の十王を祀る 円応寺

●えんのうじ

本堂には、閻魔大王だけではなく、亡者が冥界で出合う裁判官ともいうべき10人の王が鎮座し、御朱印も迫力満点。

建長2年（1250）、閻魔大王を本尊とし、智覚禅師の創建と伝わります。当初、大仏の近くの見越嶽にあったが、足利尊氏が由比ガ浜に移築。元禄16年（1703）の大地震で被災したため、翌年に現在の地に移りました。本堂は閻魔堂、十王堂とよばれ、運慶の作と伝わる閻魔大王像を中心に、秦広王などの十王像が並んでいます。閻魔大王像は笑っているように見えることから「笑い閻魔」とよばれ、山賊から守るため飲み込んだ赤ちゃんが、無事に成長したことから「子育て閻魔」ともよばれています。

+α メモ　頓死して閻魔大王の前に引き出された運慶は「我が像を彫り、それを見た人びとが悪行を成さず善縁に趣くなら、娑婆に戻してやる」といわれ、喜びのあまり笑いながら彫ったので、閻魔大王の顔も笑って見えるようになったと伝えられています。

☞運慶の作で国の重要文化財。「笑い閻魔」ともよばれ、この寺で赤ちゃんの名前をつけてもらうと丈夫に育つということから「子育て閻魔」ともよばれています

本堂内には、ご本尊の閻魔王坐像が鎮座し、その左右に死後の冥界で出合うとされる十王像が並び、いずれも見ごたえ十分。

本堂には、全国でも珍しい十王像が並ぶ

☞十王像のほか、鬼卒立像、倶生神坐像なども安置されています

☞亡者が三途の河を渡ると着ている衣を剥ぎ取るという奪衣婆

☞JR北鎌倉駅から、建長寺を過ぎたあたり、右手の急階段を上れば山門です。見どころは本堂のみだが、本尊の木造閻魔王坐像をはじめ、多くの重要文化財を拝観できます（本堂内は撮影禁止）

子育てを祈願！

DATA 円応寺

臨済宗建長寺派（りんざいしゅうけんちょうじは）　**新居山**（あらいざん）

閻魔大王（えんまだいおう）

建長2年（1250）

住 鎌倉市山ノ内1543

交 JR横須賀線北鎌倉駅東口から徒歩15分

料 200円

+α メモ　閻魔大王の前で合掌し心静かに、次の懺悔文を3回唱えると、今まで犯した罪はすべて許されるといわれています。「我昔所造諸悪業　皆由無始貪瞋痴　従身口意之所生　一切我今皆懺悔」

逗子市

延命寺

●えんめいじ

逗子の地名の由来となった古刹

鎌倉の寺院を数多く手がけ、日本で初めて大僧正という最高位を授けられた行基と、弘法大師ゆかりの寺

奈良時代の天平年間（729～749）、行基が自ら造った延命地蔵菩薩をご本尊として開創。平安時代、行脚中の弘法大師がここに立ち寄り、延命地蔵菩薩を安置する厨子を設け、人びとの信仰の対象となったことから、「逗子」の地名になったといわれています。境内には、高野山より勧請した弁財天を祀り、湘南七福神の厨子弁財天として親しまれています。

大宇宙そのものである大日如来から真実を受け取る

右の字……奉拝　逗子大師
中央の字…大日如来
左の字……延命寺
右の印……黄雲山地蔵密院延命寺
中央の印…バン(梵字)
左の印……逗子黄雲山延命寺印

☞ご本尊である大日如来の御朱印。流れるような字に大いなる流れを感じます。また御朱印の字は、書き手により異なります。また御朱印は、大日如来のほかに弁財天、地蔵尊、不動尊、善賢菩薩、千手観音菩薩の御朱印がいただけます

黄雲山　延命寺
幸運が訪れ増すように

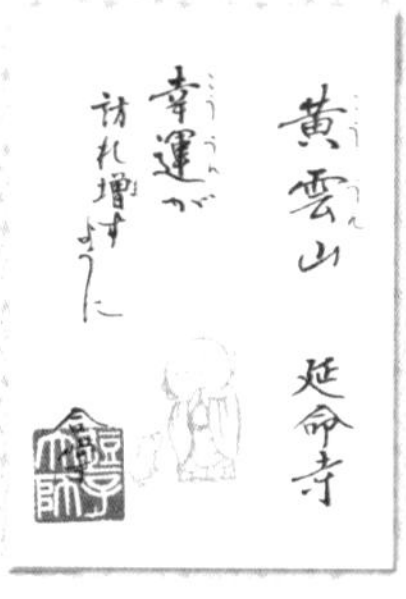

はさみ紙に描かれたお地蔵さまが微笑みます

ココにも注目！ 鐘楼堂の天井には、平和の象徴として、想像上の動物である獏が彫られています

☞平和の鐘として、2016年に新築した鐘楼堂

ココだけの御朱印帳！

☞表紙には金剛界曼荼羅が、裏には胎蔵曼荼羅がデザインされている御朱印帳1500円

ココにも注目！ 本堂の大日如来尊像は、江戸時代の貞享4年（1687）に造られたもの

DATA 延命寺
真言宗（しんごんしゅう）　黄雲山（こううんざん）
大日如来（だいにちにょらい）
天平年間(729～749)　重層入母屋造（じゅうそういりもやづくり）
住 逗子市逗子3-1-17
交 JR横須賀線逗子駅から徒歩5分、または京急逗子線新逗子駅北口から徒歩2分
料 無料

+α メモ／ 本堂には、大日如来尊像のほか、亀岡八幡宮のご神体であった阿弥陀三尊像が祀られています。また三浦道香終焉の地としても知られ、境内の一角には、ここで自刃したと伝えられる道香の墓があるなど、歴史を感じさせます。

横浜市

思金神社

●おもいかねじんじゃ

鳥居をくぐり「願いが叶う階段」を上ると、深い緑と静寂に包まれた社殿があります。ご祭神の八意思金大神は智慧を司る神様です。ご利益は学業や仕事など、アイデアが必要な物事全般。さまざまな智慧を授かり、心願成就に結びつけましょう。

☞社殿は近々、造営の予定。静かな空気が流れる境内で、社殿を参拝すれば心が洗われ、清らかな気持ちになります

意味深い言葉を記した朱色鮮やかな御朱印

中央の字…わびしさに 心の露(つゆ)と思いなむ 神心(みこころ)すがり 思いなぐさむ/右の印…相州鎌倉郡石原/中央の印…上:総本宮 中:めでたい かなえたい 鯛 心を拓(ひら)く神 下:思金神社/左の印…上:汲めども尽きぬ 福徳授ける神 下:思金神社神紋

ココだけの御朱印帳!

☞天の岩戸開きを刺繍した御朱印帳2000円。最初の頁にお札がついています

ココにも注目!

高知県四万十源流で採取された神力のある石。手を触れパワーをいただきます

ご利益おもちかえり

ひらめき守 800円

☞学業や仕事で良いひらめきを授かりますように

勝守 500円

☞黒と赤の力強いデザインのお守りで勝運をアップ

DATA 思金神社

八意思金大神(やごころおもいかねのおおかみ)

昭和3年(1928) 入母屋造(いりもやづくり)

住 横浜市栄区上郷町745-1

交 JR根岸線港南台駅から神奈川中央交通バス桂台中央行きなどで8分、紅葉橋下車、徒歩3分

料 無料

+α メモ/ 境内には展望台が設けられていて、空気が澄んでいる日にはそこから富士山を望むことができます。智慧の神に仕えているだけあり、宮司さんは知識豊富です。宮司さんがいらっしゃるときはぜひお話をお聞きしてみましょう。

小田原市

居神神社

●いがみじんじゃ

城下町にある水の神様も祀る神社

永正17年(1520)に創建されたといわれている歴史ある神社。三浦義意公を御祭神としています。境内社には水神社、金刀比羅神社、八幡神社などがあります。居神神社の御朱印だけでなく、水神社の御朱印が人気を集めています。

流れるような水が水墨画のような美しさ

右の字…日本最古〝小田原早川上水〟護り神/中央の字…水神社/左の字…北條氏綱公整備

中央の印…居神神社

☞不在の場合、対応できないときもあるので、事前に電話で問い合わせすることがおすすめです

ココにも注目!

☞700年を経過しているという古碑。これらは小田原市の重要文化財に指定されています

☞少し高台にあるため、境内には風が通り爽やか

☞水の神様である國之水分神が祀られる水神社

☞神社の入口から奥に階段が続いています

DATA 居神神社

三浦荒次郎義意(みうらあらじろうよしおき)

永正17年(1520) 流造(ながれづくり)

住 小田原市城山4-23-29

交 箱根登山鉄道箱根板橋駅から徒歩6分

料 無料

+α メモ/ 毎年5月4日(宵宮)、5日(神幸祭)に行われる祭礼では、居神流とよばれる荒々しい特殊な担ぎ方をすることで有名。ご祭神を「荒ぶる神」とし、荒々しいことがご神意に適うとして、あおりと神輿の回転が行われます。

❸ 心おどる限定の御朱印

季節や祭事に合わせて限定の御朱印を授与している寺社もあります。限定の御朱印をいただくために、行列ができることも。もし気になるものがあれば、事前に情報をチェックしておまいりしに行きませんか。

横浜市

5柱の神様におまいり

菊名神社

●きくなじんじゃ

5社を合祀した菊名の総鎮守。境内には、人びとから崇敬される神社を下支えする「がまんさま」がいらっしゃいます。

昭和10年（1935）に、菊名の地にあった神明社、杉山神社、浅間神社、八幡神社、阿府神社の5社を合祀し、菊名神社と改められました。戦後、同所を保健所建設用地として提供するため当時の八幡神社の地へ移設、菊名の総鎮守として地域の人びとに崇敬されるようになりました。鳥居をくぐり、左側の手水鉢を支えている四体の鬼の石像「がまんさま」は、菊名神社のシンボル。苦難に耐え同じ仕事に飽きることなく、不平も言わずじっと忍耐し、長い年月にわたって手水鉢を守るがまんさまのお姿は、人の進むべき道を諭しているとして、人びとの尊敬と親しみを集めています。

☞社頭に立つ黒い鳥居。2011年の社殿改修工事で新調されました

☞社殿の入口脇に設置された「撫でがまんさま像」。がまんさまの頭を撫でることで、ご神徳をいただきます

☞がまんさまの由緒が書かれた大絵馬

ご利益おもちかえり

交通安全お守りステッカー 300円

☞かわいらしいがまんさまが特徴的です

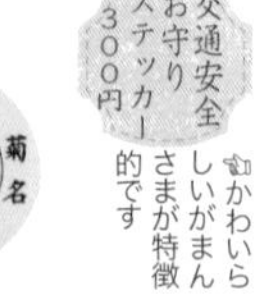

がまんさまお守り 800円

☞中央にがまんさま。緑・紫・黄の3色

+α メモ 月替わりの御朱印や祭事に応じた御朱印が用意されています（頒布の時期や詳細は公式サイトで確認を）。社務所で御朱印を待つ間、手作り和菓子「がまん焼き」（2つで100円）をいただくのもおすすめです。

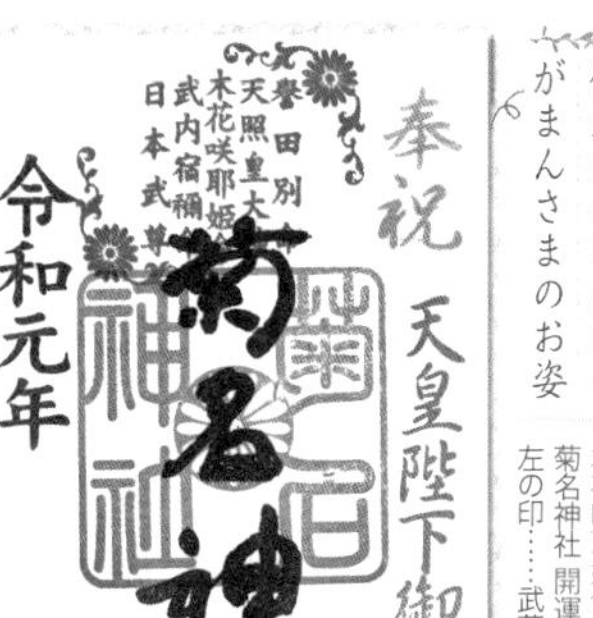

御朱印のなかにもがまんさまのお姿

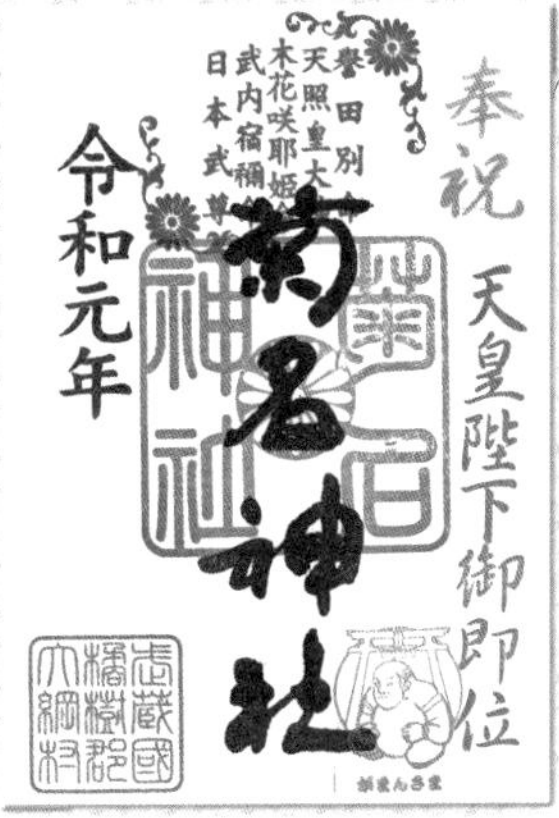

右の字……奉祝 天皇陛下御即位
中央の字…菊名神社
中央の印…誉田別命 天照皇大神 木花咲耶姫命 武内宿弥命 日本武尊
菊名神社 開運招福がまんさま
左の印……武蔵国橘樹郡大網村

天皇陛下御即位大嘗祭を祝う記念の御朱印

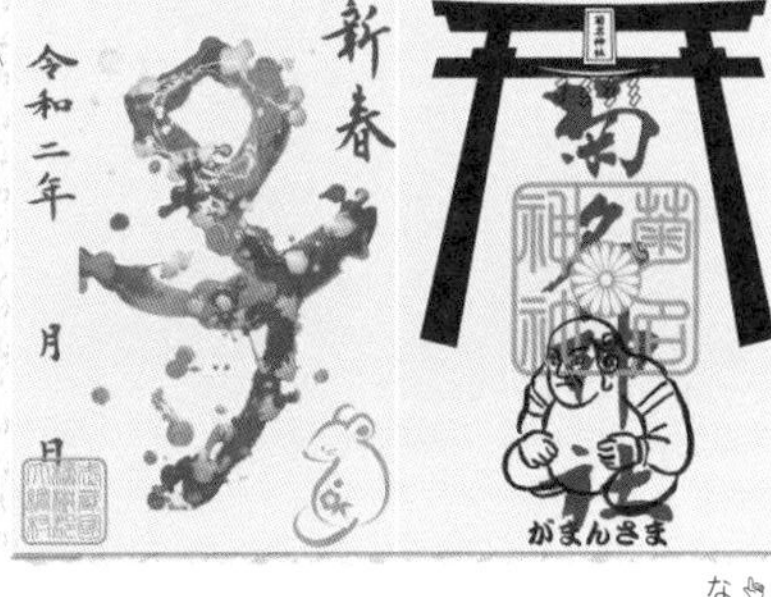

パールカラーのトレーシングペーパーが美しい初詣の限定御朱印

☞配布は無くなり次第終了

ココだけの御朱印帳！

力強いがまんさまのお姿

☞鮮やかな黄色の表紙には、菊名神社のシンボルがまんさまが描かれています

☞裏表紙には、菊の紋と効守（きくまもり）が配された御朱印帳2000円（御朱印代含む）

ココにも注目！

拝殿の24枚の天井画。中心に菊の花を配し、四方をがまんさまがお守りしています

☞手水鉢を守るがまんさま。右奥が寛政年間に作られたもの

☞毎年9月中旬に行われる例大祭で地域を渡御するお神輿

☞赤と白で彩色を施された狛犬

DATA 菊名神社

誉田別命（ほんだわけのみこと）・天照皇大神（あまてらすすめおおみかみ）・日本武尊（やまとたけるのみこと）・木花咲耶姫命（このはなさくやひめのみこと）・武内宿弥命（たけのうちすくねのみこと）

昭和10年（1935）五社を合祀

流造（ながれつくり）

住 横浜市港北区菊名6-5-14

交 東急東横線、JR横浜線菊名駅東口から徒歩3分

料 無料

+α メモ／ 平成の大改修で現代的な造りとなった神社ですが、1000年以上の長い歴史をもっています。合祀されている5社のうち、もっとも古い神社は阿府神社で、創建は885年と伝わっています。

横須賀市

浄楽寺

●じょうらくじ

五体の運慶作の仏像を安置

横須賀芦名・西海岸に800年以上の歴史を有する浄土宗寺院。運慶作5体の仏像をおまいりしに多くの参拝客が訪れます。

右の字…奉拝／中央の字…南無阿弥陀如来／左の字…大御堂 浄楽寺／右の印…上・秋の御開帳 下・運慶作／中央の印…キリーク(梵字)十夜法要／左の印…上・紅葉 下・浄楽寺印

☞十夜法要限定御朱印。お念仏をお称えしてからいただきましょう

右の字…奉拝／中央の字…南無阿弥陀如来／左の字…大御堂 浄楽寺／右の印…上・春の御開帳 下・運慶作／中央の印…キリーク(梵字)阿弥陀如来の御宝印／左の印…上・桃の花 下・浄楽寺印

☞春のご開帳では桃の花の印が押されます

右の字…奉拝／中央の字…開運毘沙門天／左の字…大御堂 浄楽寺／右の印…上・三浦八毘沙門第四番 下・運慶作／中央の印…バイ(梵字)毘沙門天の御宝印／左の印…浄楽寺印

☞守り神・勝ち神として造立されたとされる毘沙門天様の御朱印

右の字……奉拝
中央の字……延命地蔵尊
左の字……大御堂 浄楽寺
右の印……地蔵尊三浦札所 第十九番
中央の印……地蔵尊
左の印……浄楽寺印

☞本堂の前にある地蔵堂に安置されている延命地蔵菩薩の御朱印

寺伝によると、源頼朝が父・義朝の霊を弔うため鎌倉に建立した勝長寿院が、台風で破損してしまったため北条政子と和田義盛によりご本尊をこの地に移したと伝わっています。国指定重要文化財の運慶作の仏像が5体安置されていることでも広く知られています。

☞和田義盛は三浦半島に7つの阿弥陀堂を建立。浄楽寺はそのひとつです

☞運慶作の阿弥陀三尊仏。中央に阿弥陀如来、右に観音菩薩、左に勢至菩薩

ココにも注目！

☞近代郵便制度の創始者である前島密翁の墓

ココだけの御朱印帳！

☞阿弥陀如来の光背をモチーフにした御朱印帳2000円。紐綴式。濃紺の地に金の箔押しが映えます

ご利益おもちかえり

御守 500円

☞西方極楽浄土へ導く阿弥陀様のお守りです。開運除災を祈念しています

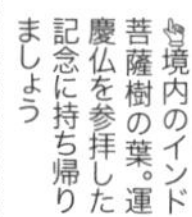

菩提樹の葉 300円

☞境内のインド菩提樹の葉。運慶仏を参拝した記念に持ち帰りましょう

DATA 浄楽寺

- 浄土宗(じょうどしゅう)　金剛山(こんごうさん)
- 阿弥陀三尊・不動明王・毘沙門天(あみださんぞん・ふどうみょうおう・びしゃもんてん)
- 平安時代後期〜鎌倉時代初期
- 和様(わよう)
- 住 横須賀市芦名2-30-5
- 交 JR横須賀線逗子駅から京急バス長井行き、横須賀市民病院行き、佐島マリーナ行き、大楠芦名口行きで25分、浄楽寺下車、徒歩すぐ
- 料 無料(仏像拝観は志納金400円〜※要予約)

+α メモ／ 運慶作の仏像は春のご開帳が3月3日、秋のご開帳が10月19日に行われています。その際、当日限定の御朱印がいただけます。ご開帳以外で拝観希望の場合、1週間以上前の予約で拝観可(お盆、お彼岸は不可)。予約は公式サイトにて。

早雲寺 ●そううんじ

北条氏の象徴でもある虎の印が印象的

箱根町

大永元年（1521）北条氏綱が父北条早雲の遺命により創建。小田原北条家の菩提所として栄えたが天正18年（1590）、豊臣秀吉の小田原攻めで焼失しました。現在の伽藍は寛永4年（1627）以降のものだが、北条文化を偲ぶ貴重な文化財の宝庫になっています。

☞本堂の創建は大永元年（1521）、再建は寛永4年（1627）で現在のものは、寛政年間（1789〜1801）の建立

平穏な世の中を願う戦国武将の虎の印

右の字…奉拝／左の字…相州箱根湯本　金湯山早雲寺／中央の印…上・小田原北条氏の虎の印 禄寿応隠　下・早雲禅寺

☞御朱印がいただけるのは11月初旬の3日間のみなので注意

ココにも注目！
狭山北条5代当主氏治により供養塔として建立された北条氏5代の墓

☞開山の以天宗清像が安置されている開山堂

DATA 早雲寺
臨済宗（りんざいしゅう）　金湯山（きんとうざん）
釈迦三尊（しゃかさんぞん）
大永元年（1521）　寄棟造（よせむねづくり）
住 箱根町湯本405
交 箱根登山鉄道箱根湯本駅から徒歩15分
料 無料（11月の特別公開は500円）

+α メモ／ 毎年、11月初旬の3日間、本堂、庫裡、書院を開放して、県の重要文化財の本堂襖絵や国の重要文化財の北条早雲画像などの寺宝を特別公開。御朱印がいただけるのは、この3日間に限られています。

月読神社 ●つきよみじんじゃ

月の力にあやかり福を寄せる

川崎市

応仁戦乱の苦悩にあえぐ領民のため、天文3年（1534）に麻生郷の領主・小島佐渡守が五穀豊穣を祈願し、月読宮の分霊を勧請して創建しました。古来より新月に願い事をすると叶うといわれ、新月の夜に「新月の心願成就祈祷」が行われています。

闇に光を届け導く神に新月の夜に祈願する

右の字…奉拝／中央の字…月読神社／右の印…兎と月／中央の印…月読神社／左の印…新月祈願

☞月夜をイメージした「月」の文字が美しい御朱印です

☞深い緑に囲まれた境内にたたずむ社殿
☞参道脇には美しい竹林が広がっています

ココにも注目！

境内には3基の円墳からなる「亀井古墳群」があり、そのひとつが社殿の正面にあります

ご利益 おもちかえり

御守 500円
☞兎が描かれた満月のような御守り

運読守（つきよみまもり） 800円
☞福を寄せ、厄を除けられるよう祈願
※新月の日と正月に授与

DATA 月読神社
月夜見尊（つくよみのみこと）
天文3年（1534）　神明造（しんめいづくり）
住 川崎市麻生区上麻生7-38-4
交 小田急小田原線柿生駅北口から東急バスたまプラーザ駅行きで5分、麻生不動入口下車、徒歩15分または小田急バス市が尾駅行きで4分、亀井橋下車、徒歩6分
料 無料

+α メモ／ 月読神社は行事のとき以外は人がいません。御朱印はおまいり後、栗木御嶽神社（川崎市麻生区栗木1-10-1）でいただきます。その際、宮司さんが外祭などで不在の場合があるため、事前に電話で確認をしましょう。

横浜市

星川杉山神社

●ほしかわすぎやまじんじゃ

心安らぐ美しい神社

創建は平安時代。古来より丘の上に鎮座し人びとを災難から守ってきたと伝えられています。境内は参拝者に配慮し整備され、心遣いが伝わってくる素敵な神社です。災いを祓い、力をくださるご祭神におまいりし、強いパワーを授かりましょう。

丘の上に鎮座する社殿。緑あふれるすがすがしい境内に足を踏み入れると自然と心が安らいでいきます

神様への願いと感謝をこめて

十五夜　星川杉山神社　令和元年九月十三日

四季折々の行事を大切に。中秋の名月に頒布する限定御朱印

右の字…十五夜
中央の印…上・スギマロと十五夜の印　下・星川杉山神社

ココにも注目！
「地域の方が心安く訪れる場所でありたい」と境内の環境づくりに趣向を凝らしています

ほっこりスギマロに

ご利益おもちかえり

安心守 800円
マスコットキャラ「スギマロ」のキーホルダー型お守り

御守 600円
健康平穏を祈念し魔除けの杉の葉の文様をあしらったお守り

DATA 星川杉山神社
日本武尊（やまとたけるのみこと）
不明　入母屋造（いりもやづくり）
住 横浜市保土ケ谷区星川1-19-1
交 相鉄本線星川駅南口から徒歩10分
料 無料

+α メモ／ 四季折々の行事で期間限定の御朱印を頒布しています。また友禅染で表紙を奉製したオリジナル御朱印帳も頒布していますが数に限りがあります。FacebookやTwitterで頒布時期が告知されるので確認しておまいりしましょう。

横浜市

横浜御嶽神社

●よこはまおんたけじんじゃ

木曽の御嶽山に思いをはせて

山岳信仰で有名な木曽御嶽山から御分霊を勧請し創建された神社。崇敬する人びとのために昔からの形式を大切に、神仏習合のかたちを残しています。毎月1・9日に護摩焚きが行われ、厄払いや健康祈願、病気平癒の祈祷を行っています。

住宅街にたたずむ神社。石段を上ると鳥居が現れます

その先へ進むと、趣のある社殿があります

ココにも注目！
拝殿には神社には珍しい護摩壇や人天蓋（にんてんがい）など仏教の色が随所に見られます

動かぬ山のごとく堂々たる筆致の御朱印

奉拝　神無月　御嶽神社　令和元年十月一日

毎月1・9・15日に頒布される限定御朱印。社名が金色で記されます

右の字…奉拝　神無月／中央の字…御嶽神社
右の印…横浜／中央の印…上・社紋（山に三つ引き）　中・御嶽山座王大権現／左の印…護摩壇の印

ご利益おもちかえり

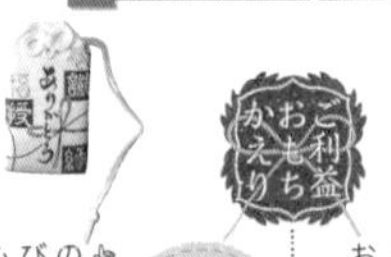

病気平癒御守 700円
心身の傷や病が快方に向かうよう身体健康のお守り

ありがとう御守 700円
「ありがとう」の言葉が福を呼びます。感謝の心を忘れずに

DATA 横浜御嶽神社
国常立尊・大己貴命・少彦名命（くにとこたちのみこと・おおなむちのみこと・すくなひこなのみこと）
明治中期　権現造（ごんげんづくり）
住 横浜市栄区上郷町1314
交 JR根岸線港南台駅から神奈川中央交通バス上郷ネオポリス行きで14分、中島下車、徒歩1分
料 無料

+α メモ／ 限定の御朱印やお祭りのお知らせは神社お寺のお参り共有サイト「ホトカミ」でお知らせしています。1・9・15日以外の日は通常の御朱印をいただくことができます（神主さんの不在時は書き置きがあります）。

大和市

花と石仏と河童の寺

常泉寺

●じょうせんじ

春ミツマタと、秋の紅白の彼岸花で名高い花の寺。河童の寺としても知られ、境内には300体以上の河童像が点在し、河童のおみくじや御朱印帳もほのぼの系。「せんとくん」を制作した籔内佐斗司氏の「縁結び菩薩」で良縁を願うこともできます。

河童がかわいい

ご利益おもちかえり

縁結びの糸 250円

☞2本1組で、良きご縁が結ばれるように祈願。糸の絵柄は10種

縁結び童子 700円

☞良縁、合格祈願や就職祈願、日々の健康などにもご利益が

ココにも注目！

本堂には本尊の聖観世音菩薩が安置されています

☞境内には縁結び菩薩が鎮座し、人、物、幸など良きご縁を導いてくれるそうです

ココだけの御朱印帳！

☞河童の親子が表紙の御朱印帳1600円。裏表紙では河童の親子が釣りを

☞見開きの左側の授与日が限定で、「白水河童」が毎週水曜、「観音様」が8・18・28日となっています

河童と観音様が印になってご鎮座

右の字…奉拝／中央の字…聖観世音／左の字…花のお寺　常泉寺／右の印…かながわ花の名所百選／中央の印…上・サ(梵字)聖観世音菩薩の御宝印　下・仏法僧宝(三宝印)／左の印…花のお寺常泉寺　相模常泉寺／中央の字…いつの世も　心の中に住む　河童／左の字…常泉寺／中央の印…白水河童　河童／左の印…上・合掌　中・かっぱのお寺　常泉寺

DATA 常泉寺

曹洞宗　清流山(せいりゅうざん)

聖観世音菩薩(しょうかんぜおんぼさつ)

天正16年(1588)

切妻造(きりづまづくり)

住 大和市福田2176

交 小田急江ノ島線高座渋谷駅西口から徒歩10分

料 300円

+α メモ／「かながわの花の名所100選」に名を連ね、参道の両側に咲くミツマタをはじめ、境内には四季を通じて一年中、花が咲きます。また、境内には大小合わせて約300体以上の河童像が置かれ、花と河童を訪ね歩くのも楽しいです。

川崎市

平穏安寧のご利益を授かる

若宮八幡宮

●わかみやはちまんぐう

戦国時代に大師河原干拓による多摩川の治水を考え、干拓事業の守護神・仁徳天皇を祀ったのがはじまりと伝わります。ご祭神に八幡神(応神天皇)の若宮(仁徳天皇)を祀っていることから「若宮八幡宮」とよばれ、子どもや若者の守護神でもあります。

☞主祭神・仁徳天皇を祀る社殿。仁徳天皇の御製から生活を豊かにしてくれる神様として知られています

ココにも注目！

境内社に男根を御神体にした金山神社が鎮座。ご神徳として安産や子授けがあるとされています

ご利益おもちかえり

金山神社御朱印御守 500円

☞身近なものに貼れるお守り。台紙は日付を記入し財布に入れてご利益を

水引御守ブレスレット 1500円

☞祈りや願いを込めて結ぶ水引をモチーフにしたブレスレット型のお守り

ココだけの御朱印帳！

☞春夏限定の御朱印帳1500円。表は若草色に珍小紋、裏は桜色に満小紋を銀箔押ししています

聖帝のお心遣いを記したぬくもりあふれる御朱印

右の字…大師河原総鎮守／中央の字…たみのかまどはにぎわいにけり／中央の印…若宮八幡宮　神璽／左の印…夏詣

☞夏詣限定御朱印。ご祭神・仁徳天皇が詠われた一節を添えて

DATA 若宮八幡宮

仁徳天皇(にんとくてんのう)

永禄2年(1559)以前

権現造(ごんげんづくり)

住 川崎市川崎区大師駅前2-13-16

交 京急大師線川崎大師駅から徒歩3分

料 無料

+α メモ／イラスト入り御朱印は祭礼時のみ限定です。それ以外のときは対応していないので注意しましょう。イラスト入り御朱印の頒布日時はTwitter@kanayamajinjyaで確認を！

4 ユニークなデザインの御朱印

御朱印のなかには独特な字の書き方や、芸術的な印が押されたものまで、デザイン性に優れたものが授与されています。華やかに御朱印帳を彩ってくれる、個性あふれる御朱印をご紹介します。

本殿と拝殿を一体化し、石の間を設けた権現造の社殿。現在の建物は寛政12年(1800)に建立されたもの。ここに港の神、交通安全、商売繁盛の神が祀られています

境内の見事な「大かや」は樹齢1000年近く、石灯篭は東照宮から移築した徳川家から寄進されたもの

名勝が!絵馬にも

横浜市

名勝に頼朝・政子が創建した神社へ!
瀬戸神社
●せとじんじゃ

金沢八景図に描かれた風光明媚な地に源頼朝が創建した神社。立身出世を果たした夫婦の力を授かりましょう。

この地は古来より罪や穢れを流し去ってくれる神聖な場として海の神を祀っていました。そこに源頼朝が挙兵した際、戦勝祈願をした伊豆三島明神を勧請したと伝わっています。同社から徒歩3分の海に陸続きの摂社・琵琶島神社があり、頼朝の妻・北条政子が勧請した弁財天が祀られています。夫婦共に立身出世したことから「立身弁天」とよばれ、出世のご利益があるといわれています。

瀬戸神社の向かいの摂社の琵琶島神社。同社はもともと瀬戸神社前の海中にありました。形が琵琶に似ていることから命名

頼朝がココに服を掛けお祓いをしたと伝わる福石

+α メモ/ 瀬戸神社周辺は歌川広重が描いた『金沢八景図』などに紹介された景勝地です。瀬戸神社前の国道を渡り洲崎と琵琶島神社へ行くと創建当時の瀬戸神社の雰囲気を感じることができます。

ココにも注目！

断崖を背に建てられた境内社。崖をくり抜いた岩倉には稲荷社が祀られています

新編鎌倉志・江戸名所図絵などに称された名木「蛇混柏」（じゃびゃくしん）。一部は本殿内陣の扉材に使用されています

美しく舞う弁財天を思わせる筆さばき

中央の字…弁財天
右の印……瀬戸神社 摂社 琵琶嶋神社
中央の印…琵琶嶋神社 金沢七福神

格式高き神社の神々との結びつきを感じて

中央の字…瀬戸神社
右の印…正一位大山積神宮三嶌大明神
中央の印…上・神印　下・瀬戸神社

三嶌大明神（みしまだいみょうじん）は頼朝が勧請した伊豆の三嶋大社のこと

ご利益おもちかえり

七福神御守 600円

ご利益は開運、招福。琵琶を弾く弁財天がかわいいお守り

瀬戸際すくいの杓子 1500円

塩草を乾燥させて柄杓に結び、家内安全を祈念する禊串

ココだけの御朱印帳！

徳川家康が書かせた江戸城襖絵の金沢八景図をモチーフに表紙に描いた御朱印帳2000円

DATA 瀬戸神社

大山祇命（おおやまつみのみこと）
治承4年（1180）　権現造（ごんげんづくり）
住 横浜市金沢区瀬戸18-14
交 京急横浜シーサイドライン金沢八景駅東口から徒歩2分
料 無料

+α メモ　琵琶島神社の御朱印は瀬戸神社でいただきます。琵琶島神社の全景は京急横浜シーサイドラインに乗ると車窓から見ることができます。

横浜市

木の香り漂うお堂へおまいり

蓮久寺

●れんきゅうじ

子どもの守護神である子安鬼子母神を祀る寺へ、子どもに関する祈祷を受けにいきましょう。

7

創建された歴史あるお寺。約400年前に山梨の甲府から現在の地に移転しました。子どもの守護神・子安鬼子母神を祀る寺としても知られ、子育て、安産、子宝を祈願しに来る参拝者も多いのだそう。春には境内のツクシが顔を出し、訪れる人をお迎えします。

720年以上前に

2007年に完成した新本堂。御本尊の大曼荼羅本尊(だいまんだらほんぞん)を祀っています

柔和な笑みで参詣者を迎えてくれる慈母観音様

令和元年九月三日

本應山

妙法

子育安産子宝

蓮久寺

横浜市本應山蓮久寺

優しく微笑む鬼子母神様に子育て安産願子宝を祈願

中央の字…妙法／左の字…子育安産子宝 本応山蓮久寺／右の印…参拝之印／中央の印…上・子安鬼子母神 下・横浜市 本応山 蓮久寺

赤ちゃんを抱く、安産を守る慈愛の神様・子安鬼子母神が優しく微笑むかわいい御朱印

心安くおまいりできる温かなお寺

在寺時は副住職が御朱印を書いてくださいます

山門の扁額には山号「本応山」が刻まれています

日蓮宗新聞社のキャラクター「こぞうくん」

ココだけの御朱印帳！

日蓮宗の総本山・身延山久遠寺と思親閣の御首題が押された御首題帳3000円。青と緑の2色

ご利益おもちかえり

福銭 100円

金運をあげるご利益をもつとされる5円玉(御縁)のお守り

御守 500円

三角形が並んだ鱗模様のお守り。青と赤の2色あります

DATA 蓮久寺

日蓮宗(にちれんしゅう) 本応山(ほんのうさん)

大曼荼羅(だいまんだら)

720年以上前(400年前 今の前田町に)

入母屋造(いりもやづくり)

住 横浜市戸塚区前田町406

交 JR横須賀線東戸塚駅西口から徒歩15分

料 無料

+α メモ／ 本堂には日蓮宗と縁の深い作家・『雨ニモマケズ』の宮沢賢治の作品が掲げられています。お香の香りに包まれ、宮沢賢治の描く世界に思いをはせてみては。法事などが入っていなければ拝観を申し出てみましょう。

険しい石段を登って心願成就！

森浅間神社

●もりせんげんじんじゃ

かつて我沙羅山（がさらさん）とよばれた山の頂に立つ森浅間神社。山頂はすがすがしく凛とした空気が流れています。

鎌倉幕府最後の将軍・守邦親王が鎌倉攻めによって追い詰められた際、長円を伴って森村へ移り、薬師如来像を我沙羅山山頂のこの地に安置したのがはじまりと伝わります。主祭神である木花咲夜昆売命（このはなさくやひめのみこと）は燃え盛る産屋で3人の御子を産んだという神話があり、これにあやかり子授け・安産・育児のご利益があるといわれています。

☝鮮やかな朱色の社殿。境内に生い茂るスタジイの深い緑と鮮烈なコントラストを生み出しています

深緑の山の頂に立つ社の印

奉拝
森浅間神社
令和元年 月 日
武州小富士

右の字……奉拝
中央の字…森浅間神社
右の印……上・我沙羅山 下・武州小富士
中央の印…上・山 中・森浅間神社 下・波

☝武州小富士をイメージした山と波の朱印が特徴的な御朱印です

ココにも注目！
階段が始まる麓にある下宮。明治末期に浅間神社に合祀された村内12社のうちのひとつから移築

☝「横浜でいちばん長い階段」といわれる境内までの階段は約250段。ボクシングの元世界チャンピオン内藤大助さんがこの階段でトレーニングを積んだのだそう

☝神社まで登り切ると目に飛び込んでくる朱色の社殿と景色は格別です

☝昔はここから海が見えたのだそう。狛犬の台座には「海」の文字が刻まれているのがその証です

ご利益おもちかえり

安産御守 500円
☝ご祭神の神話にあやかってこのお守りを求めにくる女性がいるそうです

御守 500円
☝12社を合祀している森浅間神社の御守。ご利益をたくさん授かりそう

DATA 森浅間神社
木花咲耶姫命（このはなさくやひめのみこと）
建久8年(1197) 流造（ながれづくり）
住 横浜市磯子区森2-16-7
交 京急本線屏風浦駅から徒歩7分
料 無料

+α メモ／ 宮司さんが不在の場合があります。「せっかく山頂まで登ったのに！」と残念な結果にならないように、御朱印をいただく際は必ず事前に電話で確認をしてからおまいりしましょう。

伊勢原市

広済寺

●こうさいじ

ネットで有名などうげん住職のらくがき御朱印

御朱印は規定分もらくがきもすべて予約制！
緑豊かな山寺で静寂のひとときを。

☞今の本堂は関東大震災で倒壊したなかからまだ使える木材を生かして昭和3年（1928）に再建されたもの。開創当初からの釈迦如来を安置しています。レトロな雰囲気が好評

南 北朝時代の1352年、建長寺46世の帰山光一禅師が開創。円覚寺と建長寺の間では無学祖元の墓所をめぐり学派の抗争が起きますが、帰山光一禅師は仲介役となったのち広済寺の住職となり、晩年は円覚寺で過ごしました。幾多の戦争を超え、平和の象徴として昭和55年（1980）に梵鐘が復活。開創以来、ありがたい法統を守り現在に至ります。

規定の御朱印はせんじゅさんと奉拝の2種類

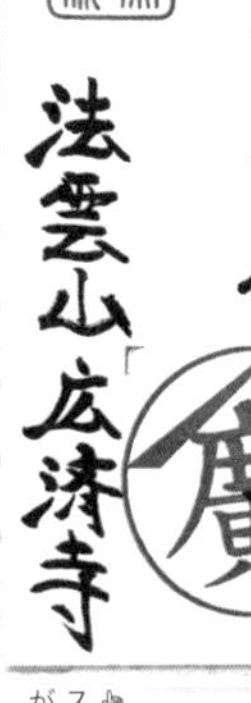

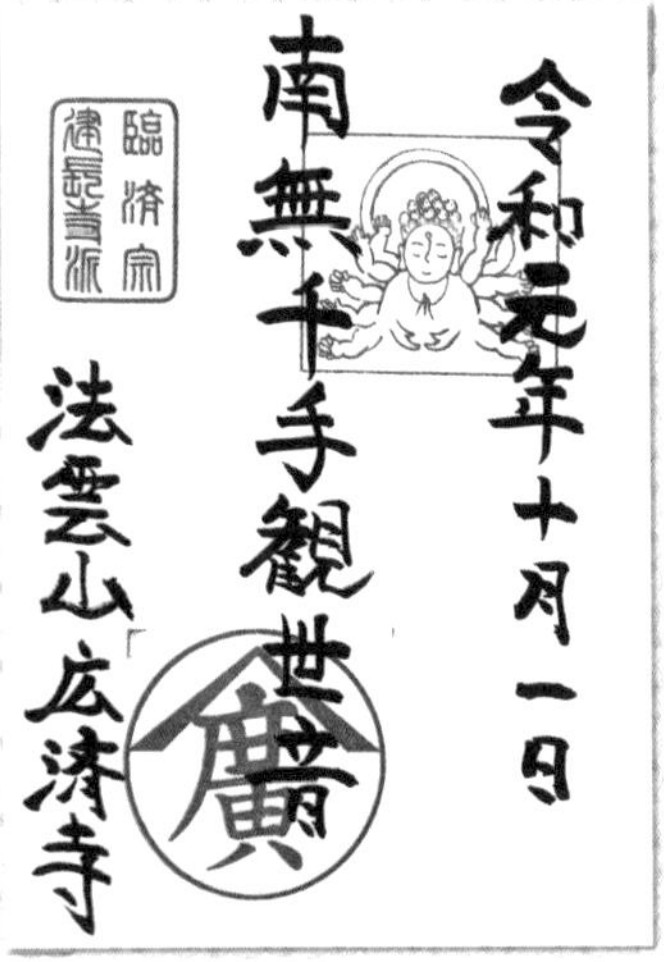

中央の字…南無千手観世音
左の字……法雲山広済寺
右の印……せんじゅさん
中央の印…ヤマヒロ
左の印……臨済宗建長寺派

☞せんじゅさんの印は、イラストレーターでもある住職がデザイン。300円

住職がデザインしたイラストや印に、心が和む

令和元年十月一日
奉拝
臨済宗建長寺派

中央の字…奉拝
中央の印…広済寺境内
左の印……臨済宗建長寺派

☞広済寺境内の印は、住職がデザインしたもので、御朱印帳の表紙と同じ。300円

ココにも注目！
サンプルを見て、天女や七福神など御朱印帳に描いてほしい絵柄を選ぶことができます。らくがき御朱印は本尊前志納金として2000円。御朱印帳に、ご1体描いていただけます。複数のものを1ページに書いていただくことはできません

☞禅宗様式の三門は江戸中期のもの。玄関から上がって本堂のご本尊さまにおまいりしましょう

ココだけの御朱印帳！ 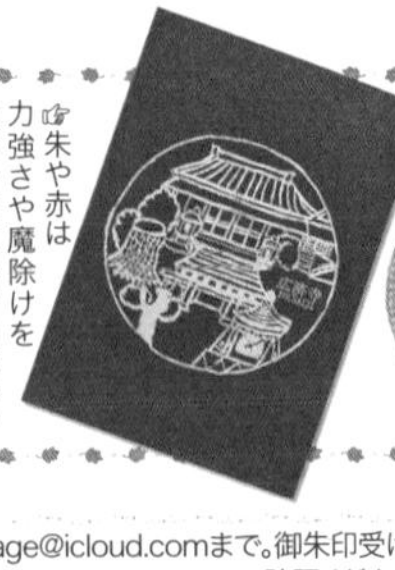
☞朱や赤は力強さや魔除けを意味します。お守り代わりの広済寺オリジナル御朱印帳。1冊2000円

DATA 広済寺
臨済宗（りんざいしゅう） 法雲山（ほううんざん）
釈迦如来（しゃかにょらい）
1352年
住 伊勢原市下平間657
交 小田急小田原線伊勢原駅南口から徒歩20分
料 無料

+α メモ！ 予約はどうげん住職の携帯電話090-4394-9458、またはメールdohgensage@icloud.comまで。御朱印受けの予約状況や日々の執務の様子はブログ「新お坊さんの智恵袋」dohgenlivingwisely.hatenablog.jp/でご確認ください。

箱根町

長安寺

●ちょうあんじ

花と緑と五百羅漢が彩る境内

シャクナゲ、シュウメイギク、イワシャジンなど、季節の花々の合間にたたずむ羅漢様にほっこりと。

延文3年（1358）、箱根姥子山長安寺として創立されたが、明暦元年（1655）に現在の地に移し、機山労逸大和尚が開山。その後、享保年間（1716～1736）に山号を龍虎山と改めた。新緑や紅葉が美しく、「東国花の百ヶ寺」としても知られ、自然の造形を生かした境内には、季節の花が咲き、喜怒哀楽の表情を浮かべた五百羅漢が点在して参拝者を和ませています。

☝本堂は創建当時の建築といわれ、壁には四天王像の、山門には仁王像の彫刻が施されている。本堂裏手には洗心堂、春雲居などが続き風情豊か。五百羅漢は本堂から墓所へと続く斜面に多く点在しています

羅漢様のお姿に思わず目を閉じ、合掌する

右の字…奉拝／左の字…長安寺／中央の印…上・五百羅漢 下・五百羅漢像／左の印…箱根 仙石原

☝五百羅漢の御朱印。いただける御朱印は、釈迦尊と五百羅漢の2種類

目を凝らせば見えてくる二人微笑む羅漢様

右の字…奉拝／中央の字…釈迦尊／左の字…長安寺／中央の印…上・龍虎山 下・長安寺印／左の印…上・箱根 仙石原 下・五百羅漢像

☝2体の五百羅漢像の印がユニーク。この2体の五百羅漢像はモダンアートで、境内にも鎮座しています

ココだけの御朱印帳！

☝ベージュがかった金地に銀文字の御朱印帳。ご本尊と五百羅漢の2つの御朱印入りで1500円

木陰に腰かけ表情豊かな羅漢様

☝五百羅漢は昭和60年（1985）から建立を始めて、現在では260体ほどで、今も進行中（上）

☝仙石原の景勝地で、紅葉シーズンには多くの参拝者が訪れます（下）

境内の四季を彩る花々

イワシャジン ☝この寺を代表するイワシャジンは、9月末から10月初旬に淡い紫色の花を咲かせます

シュウメイギク ☝古い時代に中国から入り、山野や里山に自生する可憐な花。漢字で書くと秋明菊

DATA 長安寺

曹洟宗（そうとうしゅう） 龍虎山（りゅうこさん）
釈迦如来（しゃかにょらい）
延文3年（1358）
住 箱根町仙石原82
交 箱根登山鉄道箱根湯本駅から箱根登山バス湖尻・湖尻桃源台行きで24分、仙石下車、徒歩2分
料 無料

+α メモ／ 緑に覆われた風光明媚な境内が魅力で、山野草や五百羅漢を訪ね歩くのは楽しい。御朱印に刻印されたユニークな五百羅漢像を探し歩いたり、山門の向かいにある「おまかせ観音」にもおまいりしてみましょう。

5 かわいい動物＆植物コレクション

さまざまな動物や植物などのモチーフが描かれた御朱印は、見た目もかわいくて人気があります。それぞれの印に願いを込めながら、御朱印帳を華やかに彩ってくれることでしょう。

座間市

わんこもにゃんこもおまいりできる

座間神社

●ざまじんじゃ

座間神社の境内社として、2012年に創建されたペットのための社である伊奴寝子社はペットの健康祈願で人気があります

病気平癒の御利益で名高い座間神社では、境内社の伊奴寝子社へもおまいりができ、ペットと一緒に健康や幸せを願おうと、県内外からの参拝者でにぎわいます。ペット用のユニークなお守りや絵馬のほか、ペットの七五三や病気平癒祈願なども受け付けており、犬や猫に限らず小動物や鳥などのペットと一緒にも参拝可。御朱印は座間神社と、犬と猫のデザインの伊奴寝子社のものがあります。

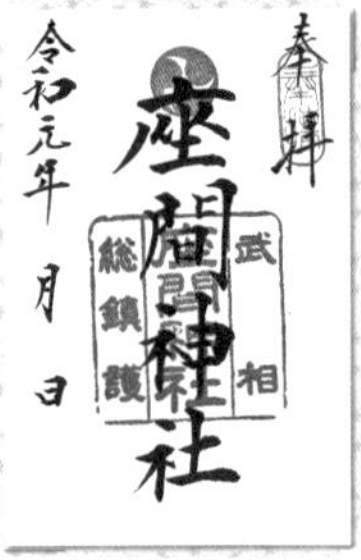

☞本殿の裏手にある伊奴寝子社と蚕神社。なでると願いが叶うという狛犬がわりの犬、猫像に会いにいきましょう

☞雛人形が飾られる石段

神社創立の由緒となっている神水がいまも湧き出る杜

☞座間公園に隣接する風光明媚な高台に鎮座し、大山、丹沢連峰の山並みを仰ぐ

犬と猫 向かい合って、御朱印に

右の印…奉拝／中央の印…伊奴寝子社

☞左は通常の御朱印で、ペットを飼っている人に好評なのが、右の伊奴寝子社の御朱印

右の字…奉拝／中央の字…座間神社／右の印…奉拝／中央の印…上：社紋 下：武相総鎮護座間神社

ひな祭り限定御朱印も

右の字…雛まつり／右の印…奉拝／中央の印…武相総鎮護 座間神社／左の印…桃の花

☞ひな祭り限定の御朱印。1000体の雛人形は壮観です

ご利益おもちかえり

ちりめんペット御守 600円

☞こちらもペットの健康長寿と交通安全を祈願。足跡は朱と紺の2色

ペット御守 600円

☞ペットの健康長寿と交通安全を祈願。鈴付きで、犬用と猫用があります

DATA 座間神社

日本武尊(やまとたけるのみこと)（座間神社）・保食神(うけもちのかみ)（伊奴寝子社）

欽明天皇（539〜571）ほか諸説あり

権現造(ごんげんづくり)

住 座間市座間1-3437

交 小田急小田原線相武台前駅から神奈中バス磯部行きで5分、座間神社前バス停下車、徒歩2分またはJR相模線相武台下駅から徒歩5分

料 無料

+α メモ／ 自然豊かな座間公園に隣接し、ひな祭りのシーズンには、階段に並ぶ雛人形が壮観。御朱印は、座間神社と伊奴寝子社、雛まつりの3種類。自分でペットの顔を描くペット絵馬やペットのお守りも充実しています。

横浜市

ここ一番の決断力を授かりに

師岡熊野神社

もろおかくまのじんじゃ

ご祭神は人生の導きの神、足の守護神。神様のお使いの八咫烏は、迷い人を明るい希望の世界に導く霊鳥です。

5代にわたり天皇の勅願所にもなり、関東随一の大霊験所と称された歴史ある古社。関東における熊野信仰の重要拠点として崇敬され、現在も横浜北部の総鎮守として崇敬を集めています。ご祭神のお使い八咫烏は、日本サッカー協会のシンボルマークでもあり、日本代表チームの勝利と選手の健康を願うファンや、サッカー上達を願う選手の参拝も多いそうです。

参道正面には風格を感じる立派な社殿がたたずんでいます

奉祝 天皇陛下御即位
關東隨一大靈驗所
師岡熊野神社
令和元年九月六日

空を羽ばたく鳥を思わせる力強く流麗な筆致

中央の字…師岡熊野神社／右の印…奉祝 天皇陛下御即位／中央の印…上・関東随一大霊験所、社紋（八咫烏）下・師岡熊野神社

社紋にもなっている八咫烏は「太陽を招く鳥」ともいわれ、昔から信仰されてきました

希望の世界へ導く霊長 八咫烏

八咫烏絵馬700円。三本の足は天・地・人を表します

境内には、神様のお使いの八咫烏が随所にちりばめられています

御守 800円

八咫烏の霊力が好結果へ導く決断力を授けてくれます

サッカー御守り 800円

選手の健康、サッカーボールをゴールに導いてほしいという願いをこめて

勝守 800円

勝敗だけでなく何事にも打ち勝つという強運のお守り

DATA 師岡熊野神社

千手観音（せんじゅかんのん）・阿弥陀如来（あみだにょらい）

永仁4年（1296） 権現造（ごんげんづくり）

住 横浜市港北区師岡町1137

交 東急東横線大倉山駅から徒歩10分

料 無料（博物館は別途200円、要電話予約）

海老名市

有鹿神社

●あるかじんじゃ

パンダ宮司がいる格式ある古社

水引祭を通し、人びとの生活の安全と繁栄を見守ってきた本宮、奥宮、中宮の3社からなる神奈川県最古の神社。

創 建年代は不明ですが、天智天皇3年(664)には国家的な祭礼が行われ、延長5年(927)には延喜式内社に列せられている由緒正しい歴史ある神社。祭神の有鹿比古命は男性神で太陽神、有鹿比女命は女性神で水神とされ、「お有鹿様」として親しまれています。天正3年(1575)以来、海老名耕地の用水を守る「水引祭」が復興して、海老名総鎮守として崇敬されています。

☞社殿は、「本殿」を覆う「覆殿」、「幣殿」、「拝殿」の三棟一宇からなります。海老名市の重要文化財

☞海老名氏の館跡東側から遷座されたという有鹿天神社。周辺には、早春になると河津桜が咲きます

奉拝
相州鎮護 古 有鹿神社
有鹿神社
令和元年九月二十四日

鹿ではなくパンダ宮司がけがれを払い元気にします

右の字…奉拝／中央の字…有鹿神社／右の印…パンダ宮司／中央の印…相州鎮座古一之宮有鹿神社

☞スタンプはパンダ宮司のほか鹿も。御朱印は奥宮、諏訪神社、浅間大神のものもあります

おまいりした人を楽しませ元気にしたい！

☞境内に広がる有鹿森は「松なしの森」ともよばれています

☞社務所の入口にはパンダが置かれています

☞神社を親しみやすい場所にしたいとパンダ宮司

☞パンダ宮司は、有鹿神社のキャラクターで、参拝の際の写真撮影も人気

ココだけの御朱印帳！

☞表紙一面にパンダ宮司が刺繍された御朱印帳2200円。淡いグリーンとブルーの2色

DATA 有鹿神社

有鹿比古命・有鹿比女命（あるかひこのみこと・あるかひめのみこと）

不明 春日造（かすがづくり）

住 海老名市上郷1-4-41

交 小田急小田原線ほか海老名駅西口から徒歩15分

料 無料

+α メモ 有鹿神社に特有の祭りが水引祭で、海老名の本宮から相模原の奥宮に至り、新しい生命・活力の源となる「有福玉」をいただくもの。現在は、4月8日、6月14日、12月22日に執り行われています。

鎌倉市

28歳で命を絶たれた護良親王の霊を祀る

鎌倉宮
●かまくらぐう

父の後醍醐天皇とともに鎌倉幕府を倒し、建武中興を実現した護良親王は、その後、東光寺に幽閉され、建武2年（1335）に非業の死を遂げました。明治天皇は、護良親王の功績を讃え、遺志を後世に伝えるため、鎌倉宮を創建しました。

☞鎌倉宮は、別名「大塔宮」とよばれ、社殿の背後には、護良親王が足利直義に幽閉された土牢が残ります

鹿の印が幸せを運びます

大塔宮の 神鹿 令和元年九月五日

右の字…大塔宮の／中央の字…神鹿
中央の印…神鹿の印

☞かつては鹿が奉納され「大塔宮神鹿」として親しまれていました

ココだけの御朱印帳！

☞桜吹雪、獅子頭、大塔宮などの種類があり、カラーバリエーションも豊富です。1200円～

ココにも注目！

絵馬のように叶えたい願いを書く「ひとこと願い串」、初穂料200円

ご利益おもちかえり

獅子頭 1000円

☞古来より厄除け、魔除けのお守りとして知られています

宮さまの盾 1200円

☞護良親王の御神徳により悪縁を絶ち、良縁を結ぶ

DATA 鎌倉宮
- 大塔宮・護良親王（おおとうのみや・もりながしんのう）
- 明治2年(1869)　神明造（しんめいづくり）
- 住 鎌倉市二階堂154
- 交 JR横須賀線、江ノ島電鉄線鎌倉駅東口から徒歩25分、または鎌倉駅から京急バス大塔宮行きで8分、大塔宮下車、徒歩すぐ
- 料 無料（神苑・宝物殿 拝観料 300円）

+α メモ／ 摂社に、持明院中納言藤原保藤卿の御息女、持明院南御方を祀る「南方社」と護良親王の忠臣で親王と辛苦を共にし、親王の危機を幾度となく救ったという贈従三位左馬権頭村上彦四郎義光公を祀る「村上社」があります。

松田町

アオバズクが飛来する古社

寒田神社
●さむたじんじゃ

仁徳天皇3年（315）の創建と伝えられ、平安時代には延喜式神名帳に相模国13社のひとつと記載されている古い歴史と格式高い神社。倭建命が東征の折に立ち寄ったた伝説が残り、足柄峠を越える旅人たちが旅の安全を祈願したといわれています。

☞価値ある彫刻などを後世に残すため、本殿を覆って昭和54年（1979）に新社殿が建てられました

ココにも注目！

抜歯した歯牙を祀った歯の供養碑。ほかにも、倭建命が腰を掛けたと伝わる腰掛石などもあります

干支や季節をちりばめ歳時記のよう

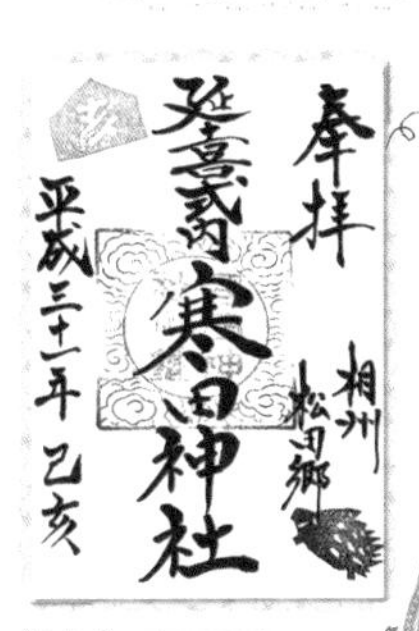

右の字…奉拝 相州松田郷／中央の字…延喜式内 寒田神社
中央の印…寒田神社御璽

☞年ごとに干支のスタンプを入れたもののほか、半月ごとに季節の風物にちなんだものも

ココだけの御朱印帳！

☞本殿と番のアオバズクが描かれている御朱印帳1500円。飛んでいるアオバズクのデザインも

ご利益おもちかえり

御守 500円

☞毎年境内のケヤキの木で営巣しているアオバズクがデザインされています

御守 500円

☞こちらもアオバズクをデザイン。子どもでも持ち歩けるようなかわいいサイズ

DATA 寒田神社
- 倭建命・弟橘比売命（やまとたけるのみこと・おとたちばなひめのみこと）
- 菅原道真公・誉田別命（すがわらのみちざねこう・ほんだわけのみこと）
- 仁徳天皇3年(315)
- 住 松田町松田惣領1767
- 交 小田急小田原線新松田駅南口から徒歩10分
- 料 無料

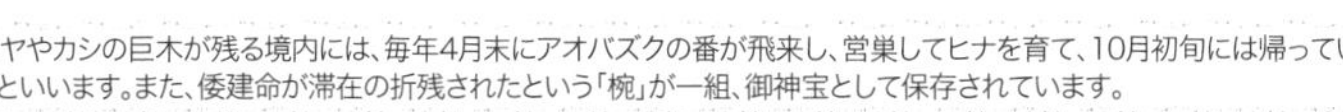

+α メモ／ カヤやカシの巨木が残る境内には、毎年4月末にアオバズクの番が飛来し、営巣してヒナを育て、10月初旬には帰っていくといいます。また、倭建命が滞在の折残されたという「椀」が一組、御神宝として保存されています。

6 花や庭園に癒やされながら

境内に咲き誇る花や庭園から四季の移ろいを感じながら、寺社参拝をするのも風情があります。境内で景色を楽しみながら、ゆったりと過ごすのはいかがでしょうか。美しい景色を思い出させる御朱印からは、きっと幸運が舞い降りてくるはずです。

アジサイの季節も美しく、多くの人でにぎわいます

鎌倉市

建長寺

けんちょうじ

禅宗創立と禅宗文化の発信拠点

鎌倉にある臨済宗の五大寺を格付けした鎌倉五山の第一位、臨済宗建長寺派の大本山、境内は国の史跡に指定されています。

建長5年（1253）、鎌倉幕府第5代執権北条時頼が創建したわが国初の禅宗専門寺院。開山は蘭渓道隆禅師で中国宋時代の厳格な禅を導入し、天下の禅林として多くの修行僧を指導した。その様子は国宝『法語規則』で知ることができます。境内は『建長寺境内』として国の史跡に指定され、元弘元年（1331）の『建長寺指図』により、総門、三門、仏殿、法堂などの主要な建物がほぼ直線上に並ぶなど創業当時の面影を残しています。

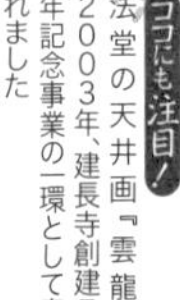

ココにも注目！

法堂の天井画『雲龍図』。2003年、建長寺創建750年記念事業の一環として奉納されました

最奥の半僧坊へ続く階段。半僧坊は天狗であったといわれ、いくつもの天狗像が置かれています

蘸碧池を中心とする庭園は、開山大覚禅師(蘭渓道隆)作庭

+α メモ

建長寺を建立した北条時頼は、大覚禅師(蘭渓道隆)や第2世住職兀菴普寧に師事し、禅の教えに深く帰依するとともに経済的にも建長寺を支え、全国的に禅宗を広め、康元元年(1256)に出家し、法名を覚了房道崇と名乗りました。

純粋な禅を導入した大本山の風格

右の字……奉拝
中央の字……南無地蔵尊
左の字……大本山 建長寺
右の印……地蔵菩薩
中央の印……仏法僧宝(三宝印)
左の印……上・天下禅林 下・建長

「寒巌幽谷の面々は春に廻る」建長寺塔頭

右の字……奉拝
中央の字……南無文殊菩薩
左の字……幽谷山 回春院
中央の印……仏法僧宝(三宝印)

鎌倉三十三観音霊場第27番の札所

右の字……奉拝
中央の字……聖観世音
左の字……若昇山 妙高院
右の印……鎌倉観世音第二十七番
中央の印……仏法僧宝(三宝印)
左の印……妙高院

天狗の神通力が宿る建長寺の鎮守

右の字……奉拝
中央の字……半僧坊大権現
左の字……大本山 建長寺
右の印……鎌倉半僧権現
中央の印……仏法僧宝(三宝印)
左の印……上・勝上嶽 下・建長

本物みたいにフクロウもいるな

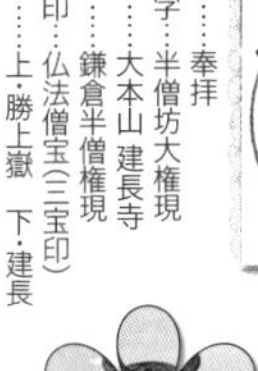

ココだけの御朱印帳!

夢がかないますように

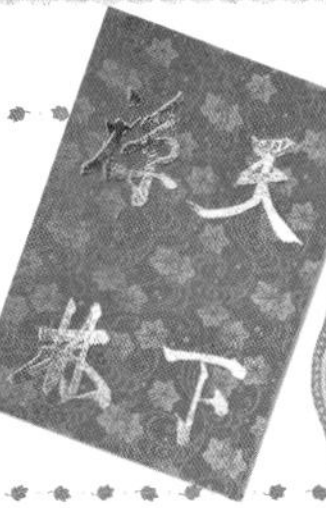

☞表紙には建長寺が掲げる「天下禅林」の文字が躍る御朱印帳1200円。最初のページには「夢」と書かれてあります

ご利益おもちかえり

天狗お守り 700円
☞半僧坊大権現の心願成就、厄除開運のストラップお守り

天狗の魔除け 700円
☞災害から守ってくれるカラス天狗のストラップお守り

御朱印うちわ 800円
☞裏には半僧坊大権現の御朱印があります

☞推定樹齢760年のビャクシン
☞三つ鱗の家紋が入った身代わり本尊のお守り400円

DATA 建長寺
臨済宗(りんざいしゅう) 巨福山(こふくさん)
地蔵菩薩(じぞうぼさつ)
建長5年(1253) 寄棟造(よせむねづくり)
住 鎌倉市山ノ内8
交 JR横須賀線北鎌倉駅東口から徒歩15分
料 大人(高校生以上)500円、小人(小中学生)200円

+α メモ/ 御朱印は参拝の前に入口付近にある朱印所に御朱印帳を預け、参拝後に受け取ります。対象は本尊地蔵菩薩、釈迦如来、びんずる尊者、観音霊場28番、地蔵めぐり9番、10番。半僧坊大権現と地蔵めぐり11番の御朱印は、半僧坊で。

鎌倉市

季節の花々に癒やされながら

海蔵寺

●かいぞうじ

七堂伽藍があった大きな寺で、鎌倉十三仏霊場のひとつ。啼薬師伝説など、多くの言い伝えが残ります。

建長5年（1253）、鎌倉幕府6代将軍宗尊親王の命により、藤原仲能が創建したが、元弘3年（1333）の鎌倉幕府滅亡時に焼失しました。その後、応永元年（1394）鎌倉公方足利氏満の命により、上杉氏定が開基し、心昭空外を開山に招いて再建。山門の脇に鎌倉十井に数えられる底脱の井、薬師堂の裏には十六の井があり、水の寺ともよばれています。

四季折々の花が美しい

花の寺として知られ、4月のカイドウ、9月の萩をはじめ、季節の花が緑豊かな境内を彩る

浄智寺から移築されたと伝わる薬師堂の薬師三尊像

瑠璃も玻璃も祈れば光る薬師様

右の字……奉拝
中央の字……南無琉璃光如来
左の字……扇谷山 海蔵寺
右の印……瑠璃光殿
中央の印……仏法僧宝（三宝印）
左の印……海蔵禅寺

本尊の薬師如来は、筆では「南無琉璃光如来」と、「瑠璃」ではなく、「琉璃」

季節の花を訪ねて心静かに

花菖蒲は、6月上旬～下旬が見頃

青紫色が美しいカキツバタは5月～6月にかけて咲いています

冬の晴れた日には苔の合間から福寿草が花を咲かせます

DATA 海蔵寺

臨済宗（りんざいしゅう）　扇谷山（せんこくさん）

薬師如来（やくしにょらい）

建長5年（1253）

住 鎌倉市扇ガ谷4-18-8

交 JR横須賀線、江ノ島電鉄線鎌倉駅
鎌倉駅西口から徒歩20分

料 志納（賽銭）、十六井戸は100円

ここの水を汲んだ際に、桶の底が抜けたことから、悟りを開いたという言い伝えが残る底脱の井

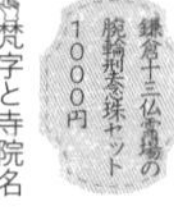

梵字と寺院名が刻まれた念珠玉は、十三顆すべて揃うとブレスレットになる

+α メモ 比較的訪れる人も少ない静かな環境で、参拝や散策ができる。御朱印は、本尊のほか、鎌倉三十三観音霊場第、鎌倉二十四地蔵霊場第、鎌倉十三仏霊場、相模国弘法大師二十一ケ所霊場のものがいただけます。

鎌倉市

安養院

●あんよういん

嘉禄元年(1225)、北条政子が夫の源頼朝の冥福を祈って笹目ヶ谷に建立した長楽寺が前身。長楽寺が善導寺を統合して、善導寺があった現在地へ移り、安養院長楽寺と称されました。江戸時代に頼朝に仕えていた田代信綱が建立した田代寺の観音堂を移し、安養院田代寺となりました。

☞鎌倉随一のツツジの名所として知られ、山門前や境内には大輪のオオムラサキツツジなど約200株が

坂東三十三観音札所本尊の千手観世音菩薩

右の字…かまくら／中央の字…千手大悲殿／左の字…田代寺
右の印…坂東第三番／中央の印…仏法僧宝(三宝印)／左の印…祇園山安養院

☞鎌倉二十四地蔵尊、第二十四番札所「日限地蔵尊」の御朱印もいただけます

ココにも注目!
本堂内には本尊の阿弥陀如来坐像と札所本尊の千手観音立像を安置

ご利益おもちかえり

なす鈴 500円
☞ことを「なす」から、諸願成就のご利益があります

日限地蔵尊の絵馬 500円
☞源頼朝と北条政子が結ばれたことから恋愛成就のご利益が

DATA 安養院
浄土宗(じょうどしゅう) 祇園山(ぎおんざん)
阿弥陀如来(あみだにょらい)
嘉禄元年(1225) 入母屋造(いりもやづくり)
住 鎌倉市大町3-1-22
交 JR横須賀線、江ノ島電鉄線鎌倉駅 鎌倉駅東口から徒歩12分
料 100円

+α メモ/ ツツジのほか、境内には開山尊観上人の手植と伝わる樹齢約700年のマキ(市の天然記念物)や尊観上人の墓と伝わる徳治3年(1308)建造の鎌倉最古の石造の宝篋印塔(国の重要文化財)などの見どころがあります。

横浜市

西方寺

●さいほうじ

緑深い山を背に美しい花の咲くお寺

約800年前に鎌倉に創建され、明応4年(1495)にこの地に移ってきたお寺。参道を行くと茅葺きの山門が現れ、山門をくぐると横浜とは思えないような雰囲気に包まれます。茅葺きの本堂や鐘楼、堂内の杉戸絵、境内に咲く花に癒やされることでしょう。

☞約300年前に建立された茅葺きの本堂

☞本堂の前室にはめられた杉戸絵。四季が描かれています

☞平安時代後期作の本尊阿弥陀如来坐像。黒本尊とよばれる由縁の金箔が下顎に残っているのだそう

黒本尊をお祀りする花のお寺の御朱印

右の字…奉拝／中央の字…黒阿弥陀／左の字…西方寺
中央の印…キリーク(梵字)阿弥陀如来の御宝印／左の印…宗教法人真言宗西方寺之印

☞本尊阿弥陀如来の御朱印。境内や参道に彼岸花が咲く時期の限定です

ココにも注目!
境内には季節の花々が咲き、冬の蝋梅(ろうばい)、春の桜、秋の彼岸花の時期には多くの参拝者が訪れます

DATA 西方寺
真言宗(しんごんしゅう) 補陀洛山(ふだらくさん)
阿弥陀如来(あみだにょらい)
建久年間(1190) 寄棟造(よせむねづくり)
住 横浜市港北区新羽町2586
交 横浜市営地下鉄ブルーライン新羽駅 出口1から徒歩5分
料 無料(本堂内の拝観は、毎年元旦～1月7日のみ)

+α メモ/ 西方寺では写経会(毎月第3火・木曜日)をはじめ、御詠歌教室(毎月第2・4金曜日)、阿字観瞑想会(毎月第4土曜日)を開催しています。参加希望の方は電話または公式サイトより申し込みを。

⑦ 日本の伝統美と一緒にたのしむ

歴史が残る寺社で、古くからの伝統を感じられるのも御朱印めぐりの醍醐味のひとつ。それぞれの寺社がもつ歴史を知ってこそ、本来のご利益が得られるのかもしれません。慌ただしい日常から一歩離れて、悠久の歴史に出合いにいきませんか。

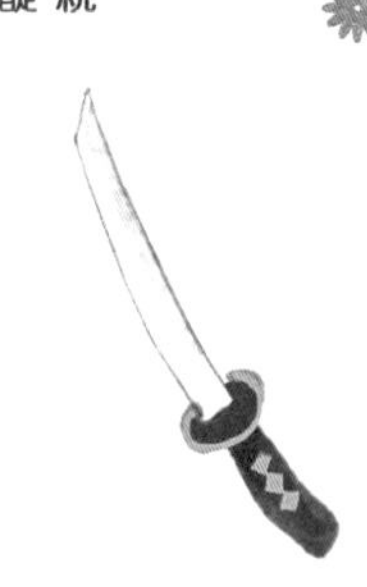

☜鎌倉の大仏として知られる国宝銅造阿弥陀如来坐像。高さ約11.3m、重量は121t。建立当時には金箔が施されていたといわれます

鎌倉市

鎌倉のシンボル・鎌倉の大仏が待つ寺

高徳院（こうとくいん）

歌人・与謝野晶子に美男と詠われた大仏様。ほぼ造像当初の姿を残して圧倒的な存在感で鎮座します。

開山・開基は不明だが、奈良の大仏に負けじと東国にも大仏を作ろうとした源頼朝の遺志を、侍女であったといわれる稲多野局が発起し、僧浄光が資金集めをして木造の阿弥陀如来像を造ったと伝わります。現在の青銅仏は建長4年(1252)に鋳造を開始。完成当時は全身に金箔が施され、巨大な大仏殿内に安置されていましたが、そのあとに地震や津波で大仏殿が崩れ、現在の屋外に建つ露坐の大仏になりました。慶派の作風と宋代中国の仏師の影響を併せもった、鎌倉時代を代表する仏像として国宝に指定されており、胎内の拝観もすることができます。

☞仁王門の阿形像。仁王門は18世紀初頭に他所から移築されたもの

☝江戸時代後期の作と思われる観音菩薩立像が安置されている観月堂

+α メモ 奈良東大寺の大仏は大仏殿に鎮座していますが、鎌倉の大仏は、「露坐の大仏」といわれています。かつては巨大な大仏殿に収められていましたが、明応7年(1498)の天災で倒壊して以来、「露坐の大仏」となってしまいました。

☜「大仏様にわらじを履いて行脚してもらおう」と奉納されたのがはじまり。常陸太田市の子供会が奉納しています

ご利益もきっと大きい 大仏様に手を合わす

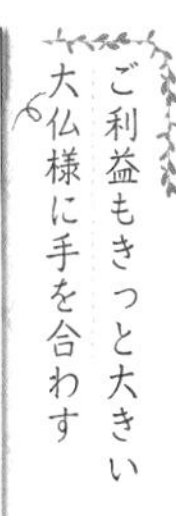

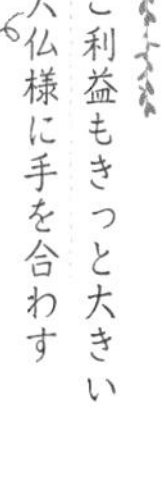

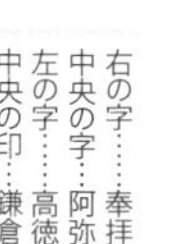

奉拝
大佛殿
鎌倉
阿弥陀如来
令和元年
九月十日
高徳院

右の字……奉拝
中央の字…阿弥陀如来
左の字……高徳院
中央の印…鎌倉大仏殿
左の印……高徳院印

ココだけの御朱印帳！

☜4タイプあるが人気は金で大仏が描かれた御朱印帳1200円。やや小さいサイズ900円もあります

ご利益おもちかえり

心願成就お守り 400円

☜ご利益がありそうな金色の大仏で心願成就だけではなく金運もアップしそう

開運木札ストラップ 400円

☜つげ彫の木札に小さな鈴がついているストラップタイプの開運・招福守り

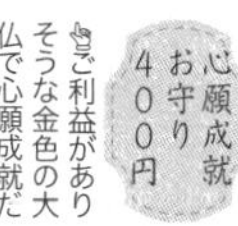

ココにも注目！

☜交通安全のお守り500円。大仏とササリンドウのデザイン

DATA 高徳院
浄土宗（じょうどしゅう） 大異山（だいいざん）
阿弥陀如来（あみだにょらい）
不明 切妻造（きりづまづくり）（観月堂（かんげつどう））
住 鎌倉市長谷4-2-28
交 江ノ島電鉄線長谷駅から徒歩5分
料 300円

+α メモ／ 高徳院で授与している御朱印は2種類。本尊の「阿弥陀如来」のほか、鎌倉三十三観音霊場の第二十三番札所で、観月堂の「観音菩薩」の御朱印がいただけます。

横浜市

高僧の信念が築き上げた聖なる寺院

称名寺

しょうみょうじ

北条実時が創建した鎌倉文化の中心ともいえる古刹。貴重な文化財の数々、鎌倉時代から残る金沢文庫もあります。

はじまりは13世紀半ばに鎌倉幕府の要人・北条実時が、現在の地に持仏堂を建てたときといわれています。朱塗りの赤門をくぐると桜並木の参道が続き、鎌倉時代に造られた仁王像が守護している仁王門が現れます。門をくぐると反橋、中島、平橋を配した自然あふれる浄土庭園が広がり、金沢三山を背に建つ金堂、釈迦堂、鐘楼の景色に心洗われることでしょう。

☝天和元年(1681)に建立された金堂。その隣には文久2年(1862)に建立された茅葺きの釈迦堂があります　☜阿字ヶ池に浮かぶ中島にかかる反橋と平橋に通じ、金堂に達します

叡尊上人縁の古刹寺院の御朱印

☞ご本尊の弥勒菩薩の挿絵と流麗な字が特徴的です

弥勒菩薩との仏縁を結ぶ結縁の証

右の字……奉拝
中央の字…ユ(梵字)
弥勒菩薩
左の字……称名寺
右の印……湘南霊場
中央の印…上・山号印(北条家家紋の三つ鱗 金沢山) 下・称名律寺
弥勒菩薩の画
左の印……ぼさつの寺めぐり

心を揺さぶる力強い筆致胸に響く菩薩の心

右の字……奉拝
中央の字…ユ(梵字)
弥勒菩薩 慈尊
左の字……称名寺
右の印……湘南霊場
中央の印…上・山号印(北条家家紋の三つ鱗 金沢山) 下・称名律寺

☜金沢北条一族の菩提寺の証に家紋・三つ鱗が押印されています。慈尊は弥勒菩薩の敬称です

☞トンネルでつながる県立金沢文庫

☜称名寺の裏の金沢山(きんたくさん)頂上からの眺め。金沢の海が一望できます

DATA 称名寺

真言律宗(しんごんりっしゅう)　金沢山(きんたくさん)
弥勒菩薩(みろくぼさつ)
承応3年(1654)　寄棟造(よせむねづくり)

住 横浜市金沢区金沢町212-1
交 京急本線金沢文庫駅東口から徒歩15分
料 無料

+α メモ／ 毎週土・日曜日の10～15時には横浜金沢シティガイド協会による無料庭園ガイド(要事前申し込み)が実施されています。金沢の歴史を学びながらめぐれば、より深く寺社を知ることができるでしょう。

藤沢市

東海道随一を誇る木造本堂

清浄光寺(遊行寺)

●しょうじょうこうじ(ゆぎょうじ)

一遍上人が開いた時宗総本山の歴代住職である遊行上人が住む寺として、遊行寺の名で親しまれています。

正式名称は、藤沢山無量光院清浄光寺。正中2年(1325)創建の時宗の総本山。開山は遊行4代呑海上人で、開基は兄の地頭俣野五郎景平。永正10年(1513)兵火により焼失し、駿河長善寺に本尊を移し、慶長12年(1607)藤沢に再興。寛永8年(1631)には、江戸幕府から時宗総本山と認められ、藤沢は遊行寺の門前町、東海道の宿場町として栄えるようになりました。

☞本堂は外陣と内陣に分かれ、内陣は僧座、尼座、鏡縁に分かれる時宗独特の様式

二祖上人7百年御遠忌、記念限定御朱印

右の字……奉拝
中央の字…二祖上人七百年御遠忌
なむあみだ仏はうれしきか
左の字……時宗総本山
遊行寺
右の印……名声超十方
中央の印…仏法僧宝(三宝印) 釈迦如来
左の印……遊行寺印

☞「なむあみだ仏はうれしきか」は金文字で、左右に宗祖一遍上人と二祖真教上人が描かれています

☞境内のシンボル、大イチョウは、市指定の天然記念物

一遍上人のお姿とともに念仏が聞こえてきそう

右の字……奉拝
中央の字…南無阿弥陀仏
左の字……遊行寺
右の印……名声超十方
中央の印…仏法僧宝(三宝印)
左上の印……時宗総本山一遍上人
左下の印……遊行寺印

☞宗祖一遍上人の印が印象的な御朱印です

ココだけの御朱印帳!

☞「身はここに候えども心は遊行にて候」と書かれた紺の御朱印帳とイチョウをあしらった黄色の御朱印帳は各1500円

ご利益おもちかえり

叶御守 800円
☞折敷または隅切り角に三文字とよばれる寺紋が入った心願成就のお守り

遊行寺御守 700円
☞境内の大イチョウが描かれた心願成就のお守りは2カラー

DATA 清浄光寺(遊行寺)

時宗(じしゅう) 藤沢山(とうたくさん)
阿弥陀如来(あみだにょらい)
正中2年(1325) 入母屋造(いりもやづくり)

住 藤沢市西富1-8-1
交 JR東海道本線ほか藤沢駅北口から徒歩15分
料 無料

+α メモ/ 修行のために僧侶が諸国をめぐり歩くことを遊行といいます。本山清浄光寺の住職を遊行上人ということから、遊行寺とよばれるようになりました。境内には大イチョウのほか、春には放生池のほとりのハクモクレンが一斉に花開きます。

横浜市

總持寺

●そうじじ

700余年の歴史を持つ大本山

正式名は諸嶽山總持寺。元亨元年（1321）に瑩山禅師が諸嶽観音堂に入院したことが始まりとされています。その翌年、後醍醐天皇より綸旨を受け曹洞宗大本山となりました。広い境内には国の重要文化財に指定されている仏殿など、多くの文化財があります。

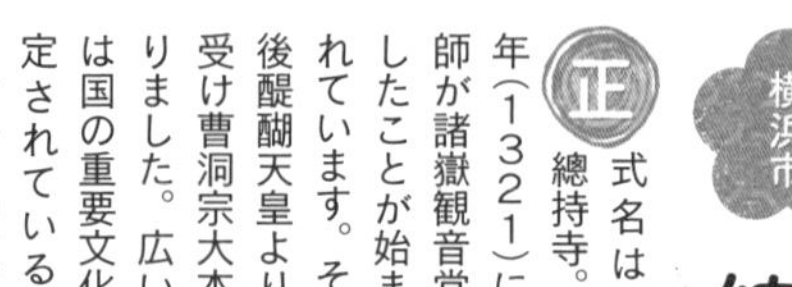

☞法要修行を行う大祖堂　☞仏殿に祀られている禅宗の御本尊・釈迦牟尼如来（坐像、木彫）

心引き締まる太祖常済大師の御朱印

☞總持寺を開き教えを全国に広められた瑩山禅師を太祖と仰ぎます

右の字…奉拝／中央の字…太祖常済大師／左の字…曹洞宗大本山總持寺　右の印…曹洞出世道場／中央の印…火焔宝珠に仏法僧宝（三宝印）／左の印…上・寺紋（五七桐）下・大本山總持寺納経所

ご利益おもちかえり

御守護 1000円
☞三宝荒神が描かれたお守り。御祈祷付きです

健康守 500円
☞ころんとしたわらじのかわいいお守り。健脚を祈願

ココだけの御朱印帳！
☞總持寺の大祖堂が表紙全体に大きく描かれた御朱印帳1000円

DATA 總持寺
曹洞宗（そうとうしゅう）　諸嶽山（しょがくさん）
釈迦如来（しゃかにょらい）
元亨元年（1321）
住 横浜市鶴見区鶴見2-1-1
交 JR京浜東北線鶴見駅西口から徒歩7分
料 無料

+α メモ／ 總持寺は禅の根本道場として有名で、毎月座禅会を開催しています（要予約）。また1月の初詣、2月の豆まき、3～6月は春の彼岸会や修行僧による講義、7月には御霊祭りなどさまざまな行事が執り行われています。

横浜市

弘明寺

●ぐみょうじ

横浜屈指の古刹

養老5年（721）にインドの僧・善無畏がこの地に結界を創り、天平9年（737）に行基が観音像を刻み、寛徳元年（1044）に光慧上人により建立されました。

横浜最古のお寺には国指定重要文化財のご本尊や、貴重な文化財が多数伝存しています。

☞寛徳元年（1044）に建立され、現在の本堂は昭和51年（1976）に改修　☞善無畏（ぜんむい）三蔵法師が渡来の際、陀羅尼を書写して結界を立てた霊石

ココにも注目！ 本尊十一面観世音菩薩立像。平安時代中期の作。秘宝が並ぶ奥の間で拝観することができます

一切の苦しみを抜き去る観音様の印

☞坂東三十三観音の御朱印。横浜最古の寺院にふさわしい堂々たる書体です

右の字…奉拝瑞応山／中央の字…キャ（梵字）十一面観世音菩薩大悲殿／左の字…弘明寺／右の印…坂東第十四番／中央の印…キャ（梵字）十一面観世音菩薩／左の印…弘明寺観音

ご利益おもちかえり

勝お守り 800円
☞勝負運アップ！あらゆる事に対して勝つことを祈願した、必勝のお守り

子授守 700円
☞弘明寺にお祀りされている聖天様の好物とされている大根柄のお守り

DATA 弘明寺
高野山真言宗（こうやさんしんごんしゅう）　瑞応山（ずいおうざん）
十一面観世音菩薩（じゅういちめんかんぜおんぼさつ）
天平9年（737）
住 横浜市南区弘明寺町267
交 京急本線弘明寺駅から徒歩2分、または横浜市営地下鉄ブルーライン弘明寺駅出口2から徒歩5分
料 無料（本堂のご本尊は拝観料500円）

鎌倉最古の寺で歴史を感じながら

杉本寺
●すぎもとでら

鎌倉市

奈良時代天平6年(734)高僧行基が開山した鎌倉最古の寺。本尊は、行基、円仁、源信作の3体の十一面観音で、鎌倉時代の大火の際、本尊3体が境内の大杉の下で難を逃れたことから、「杉の本の観音」とよばれるようになったといわれています。

十一面観世音菩薩を表す梵字と大の字が冴える

☞右の字…かまくら／中央の字…キャ(梵字)十一面観音　十一面大悲殿／左の字…杉本寺／右の印…鎌倉観世音第一番／中央の印…十一面観世音菩薩の御宝印／左の印…鎌倉最古仏地杉本寺

☞鎌倉と坂東三十三観音霊場の一番札所の御朱印がいただけます

☞茅葺き屋根の本堂。正面には運慶作の十一面観音立像を安置

ココにも注目！
☞茅葺き屋根の仁王門には、運慶作とされる吽形像と阿形像が安置されている

☞仁王門を抜けると、緑に彩られた苔むした階段が本堂へと続くが、現在は歩行禁止

ご利益おもちかえり
御守 700円
☞裏には茅葺き屋根の本堂がデザインされている開運厄除のお守り

DATA 杉本寺
天台宗(てんだいしゅう)　大蔵山(だいぞうざん)
十一面観世音菩薩(じゅういちめんかんぜおんぼさつ)
天平6年(734)　寄棟造(よせむねつくり)
住 鎌倉市二階堂903
交 JR横須賀線、江ノ島電鉄線鎌倉駅東口から徒歩25分
料 入山料300円

+α メモ／ 鎌倉最古の寺で、苔むした石段や茅葺屋根など、風情あるたたずまいで、カンヒザクラなど四季折々の花が咲いてます。十一面観世音菩薩のほか、鎌倉二十四地蔵第4番身代地蔵、第6番尼将軍地蔵の御朱印などもいただけます。

鎌倉で一番美しいといわれる如意輪観音像が安置

来迎寺
●らいこうじ

鎌倉市

永仁元年(1293)に一向上人により創建。本堂には本尊の阿弥陀如来坐像と南北朝時代の仏師宅間浄宏の作と伝わる地蔵菩薩像が安置されています。本尊脇の如意輪観音像は、鎌倉特有の仏像装飾で厄除けと安産のご利益があるとされています。

☞多くの被害をもたらした鎌倉大地震で亡くなった村民を供養するために創建されました

ココにも注目！
尼五山に数えられた禅宗の尼寺、太平寺跡の碑。現在は廃寺になっています

☞本堂へ続く階段沿いでは、季節の花が訪れる人の目を楽しませています

女性の守護尊として人びとを迷いから救います

右の字…奉拝／中央の字…如意輪観世音／左の字…西御門 来迎寺
右の印…鎌倉観世音第五番／中央の印…安産守護／左の印…満光山来迎寺

☞如意輪観音世像(県指定重要文化財)は、鎌倉一美しいといわれ、厄除け、女性の守り本尊、特に安産の守護尊として信仰されてきました

ご利益おもちかえり

健脚健康草履御守 志納
☞足腰の痛みが消えるよう祈願されているかわいい草履のお守り

治眼御守 志納
☞足腰の痛み、目の痛み、頭痛に功徳がある跋陀婆羅尊者の目のお守り

DATA 来迎寺
時宗(じしゅう)　満光山(まんこうざん)
阿弥陀如来(あみだにょらい)
永仁元年(1293)　入母屋造(いりもやづくり)
住 鎌倉市西御門1-11-1
交 JR横須賀線、江ノ島電鉄線鎌倉駅から京急バス鎌倉宮行きで4分、大学前下車、徒歩10分
料 200円

+α メモ／ 拝観不定休のため、ご来寺の際は事前に電話で確認することがおすすめです。(問合せ先電話番号:0467-24-3476)

⑧ おまいりは目を奪う絶景とともに

山や海といった信仰の対象でもある雄大な自然の中にたたずむ寺社。心洗われるような景色のなかでいただく御朱印は、いっそうご利益を感じずにはいられません。

山頂の絶景からパワーをいただく

☞山頂からは相模平野を一望できるだけでなく、お天気がよいと房総半島まで見渡せます。大山からの景色はミシュランのグリーンガイドで2ツ星を獲得したほどの絶景です

☞山頂にある本社や奥宮は慎ましやかながら神秘的な雰囲気 ☞道は自然が豊かで動植物も多い

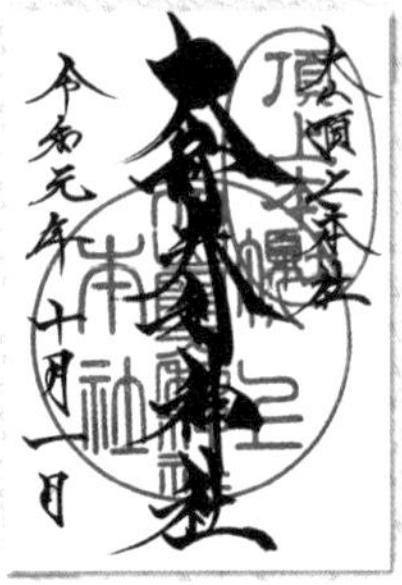

右の字……大山頂上本社
中央の字…大山阿夫利神社
右の印……頂上本社
中央の印…頂上 大山阿夫利神社 本社

☞本社に神職は常駐していないので、御朱印は下山してから下社でいただきましょう

関東の平和を守る神々との結びつきを

右の字……関東総鎮護
中央の字…大山阿夫利神社
中央の印…関東大山阿夫利神社総鎮護
左の印…阿夫利神社下社之印

伊勢原市

大山阿夫利神社

●おおやまあふりじんじゃ

奥深い山道の先にある本社と絶景

2000年以上前から人びとの山岳信仰の対象として親しまれてきました。神々が宿る山頂からは美しい絶景が広がります。

標高1252mの大山山頂に本社、700mには下社が鎮座しており、古くから山岳信仰の場とされてきました。江戸時代には山頂に木太刀を納める大山詣りが盛んになり、多くの庶民が参拝しました。一部の地域では大山に登ると一人前と認められるという伝承があり、立身出世の神ともされていました。今の時代も、山頂からの景色を見るために多くの人が参拝に訪れています。

ココだけの御朱印帳!

☞大山を背に社殿が描かれている御朱印帳。裏面は境内の獅子山が描かれています。1300円

ご利益おもちかえり

交通キーホルダー守 600円
☞交通安全を祈願した鈴が付いたキーホルダー型のお守り

身体健全肌守 600円
☞心身を災い事から守るお守り。肌身離さず持ち、健康を祈願しましょう

DATA 大山阿夫利神社

大山祇大神(おおやまつみのおおかみ)・高龗神(たかおかみのかみ)・大雷神(おおいかずちのかみ)

崇神天皇御代(紀元前97)頃　入母屋造(いりもやづくり)

住 伊勢原市大山355

交 小田急小田原線伊勢原駅から神奈川中央交通バス大山ケーブル行きで25分、終点下車、ケーブルカーに乗り換え6分、阿夫利神社駅下車、徒歩すぐ

料 無料

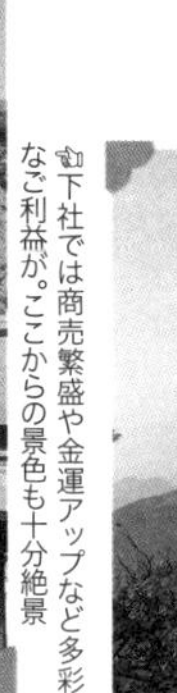

☞下社では商売繁盛や金運アップなど多彩なご利益が。ここからの景色も十分絶景

ココにも注目！

☞下社と本社のある山頂までは標高差500m以上。登り90分ほどですが、登山道入口の険しい石段(右上)から始まり、荒々しく岩が連なる険しい山道になるので登山装備は必須です。山道には夫婦杉(左下)や天狗岩などのパワースポットがあり、またお天気が良ければ富士山も望むことができます(左上)

☞麓から大山阿夫利神社下社や、大山寺へはケーブルカーが運行しています

☞境内には茶寮「石尊」があり、絶景を楽しみながら飲み物やスイーツをいただけます。下山後の休憩にもおすすめです

厚木市
大山山頂
0 1km
大山阿夫利神社(本社)
伊勢原市
秦野市
大山阿夫利神社(下社)
阿夫利神社駅
大山寺駅
大山ケーブルカー
大山ケーブル駅
大山寺
こま参道
大山ケーブル

+α メモ/ ケーブルカーは1時間に3本程度運行しています。また例年11月中頃は紅葉が見頃を迎えて、夜間も運行されています。最新の運行情報を確認して、紅葉のライトアップや夜景を楽しみに出かけましょう。

伊勢原市

大山寺

●おおやまでら

山の中腹にある紅葉が美しい不動尊

紅葉の名所であり、通称もみじ寺とよばれています。1200年以上前に、奈良東大寺の初代住職である良弁僧正が開創。文永年間(1264～1275)に、願行上人によって鋳造された本尊鉄造の不動明王、二童子像は国の重要文化財に指定されています。

☞厄難を取り払う、関東三十六不動霊場の初番霊場としても有名

ココにも注目！

三十六童子が並ぶ階段や境内は、秋に赤く色づき美しく変化する

迫力のある筆さばきと炎の印が印象的

右の字…奉拝／中央の字…大山鉄不動明王／左の字…雨降山 大山寺／右の印…関東三十六不動霊場／中央の印…カーン(梵字)不動明王の御宝印／左の印…雨降山 大山寺

右の字…奉拝／中央の字…大山鉄不動明王／左の字…雨降山 大山寺／右の印…関東三十六不動霊場／左の印…雨降山 大山寺

ご利益おもちかえり

金蘭身代守 800円

☞中に木札が入っている、昔ながらのお守り

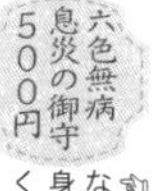

六色無病息災の御守 500円

☞さまざまな災いから身を守ってくれるお守り

DATA 大山寺

真言宗(しんごんしゅう) 雨降山(あめふりやま) 不動明王(ふどうみょうおう)

天平勝宝7年(755) 入母屋造(いりもやづくり)

住 伊勢原市大山724

交 小田急小田原線伊勢原駅から神奈川中央交通バス大山ケーブル行きで25分、終点下車、ケーブルカーに乗り換え3分、大山寺駅下車、徒歩すぐ

料 無料

+α メモ/ 本尊の鉄造不動三尊像は秘仏だが、毎月8の付く日や、夏季・秋季に開帳されます。参拝希望の場合は、事前にHPや電話で確認することがおすすめです。

箱根町

公時神社

●きんときじんじゃ

「金太郎」伝説の山で箱根の絶景を！

「金太郎」のモデルになった武士を祀る公時神社では、御朱印をいただいたあと絶景トレッキングも楽しむことができます。

金 時山山麓に立つ神社で、童話で親しまれる「金太郎」のモデルになった平安時代後期の武士、源頼光に仕えた坂田公時が祭神として祀られています。その伝説からも、子どもと健康のご利益をいただけると人気があります。毎年こどもの日には「公時まつり」が行われ、国選択無形民俗文化財に指定されている「湯立獅子舞」が披露されることでも有名です。

☝晴れた日には、富士山も望むことができます

☝金時山山頂からは大涌谷から芦ノ湖まで、箱根の名所が一望できます

☝神社から金時山山頂までは、自然を楽しみながらゆっくり登りましょう

公時神社

奉拝
令和元年
九月二十五日

力強い
伝説の男の子
金太郎から
パワーをいただく

右の字…奉拝／中央の印…公時神社／下の印…坂田公時命

☝御朱印をいただく社務所では、参拝客へお茶が振る舞われます。さらに薪割り体験ができるなど、アットホームな心地よい雰囲気

山道には自然が創造するパワースポット

☝金太郎が住んでいたとされる「宿り石」

☝登山の前に、登山口にある公時神社本殿で安全祈願します

☝山頂へ向かう登山道では、四季折々変化をする花を楽しめます。写真はホトトギス

ご利益 おもちかえり

道中安全守 500円
☝パラシュート紐で作られたお守り。登山で靴紐などが切れたときに役立ちます

金太郎守 500円
☝マサカリを担いだ金太郎が、熊に乗っている姿がかわいいお守り

静岡県小山町
金時山山頂
南足柄市
宿り石
乙女峠
金時神社入口
公時神社
神奈川県箱根町
乙女トンネル
妙優寺
金時登山口
N
0 1km

DATA 公時神社
坂田公時命（さかたのきんときのみこと）
不明 不明
住 箱根町仙石原1181
交 JR御殿場線御殿場駅から小田急箱根高速バス箱根線で22分、箱根線金時神社入口下車、徒歩3分
料 無料

+α メモ／ 公時神社から金時山山頂までは約1時間20分。岩場などもあるので、登山装備があると安心。初心者向けのコースではありますが、天気などを考慮してしっかりとした計画を立てていく必要があります。山頂には茶屋が2軒あります。

葉山町

森戸大明神

●もりとだいみょうじん

森戸の海岸沿いにあるパワースポット

天下を取った源頼朝公が三嶋明神の分霊を勧請したのが始まりと伝えられ、現存する頼朝創建の数少ない神社のひとつ。『吾妻鏡』にも歴代鎌倉幕府将軍が詣でたと記されています。また古来より子宝・安産の篤い信仰があり、多くの参拝者が訪れています。

流麗な文字と力強い印の調和が魅

中央の字…森戸大明神
右の印…相州葉山郷総鎮守 森戸神社参拝記念 松 海 富士山 相州葉山
中央の印…森戸大明神

☞葉山の総鎮守、格式高い古社の荘厳な空気を感じさせる御朱印

ココだけの御朱印帳！

☞森戸の朝の海と夕景を描いた通常版と、夏期限定の御朱印帳(各1600円)

☞空気の澄んだ日は、神社裏手の海岸から富士山が見えます。相模湾越しに見る富士山はまさに絶景！

ココにも注目！

☞神社裏の岩上に切り立つ千貫松。頼朝公が見た景色が目前に広がります

ご利益おもちかえり

子授御守 1500円

☞全国から篤い信仰を集めている水天宮のご利益を

貝合わせ恋守 700円

☞貝合わせのようにピッタリ合うご縁を祈願します

誕生奉告と成育を祈願！

DATA 森戸大明神
- 大山祇命(おおやまつみのみこと)・事代主命(ことしろぬしのみこと)
- 治承4年(1180年) 流造(ながれづくり)
- 住 葉山町堀内1025
- 交 JR横須賀線逗子駅または京急行逗子線新逗子駅から京急バス葉山一色行きで15分、森戸神社下車、徒歩すぐ
- 料 無料

+α メモ／ 見どころの多い森戸大明神。葉山町の重要文化財に指定されている400年以上の歴史ある本殿を参拝したら、樹齢800年のご神木やみそぎ橋など、ゆっくり見てまわりましょう。晴れた日の夕暮れどきには茜色に染まる海を見ることができます。

鎌倉市

報国寺

●ほうこくじ

竹林がある足利氏の菩提寺

建武元年(1334)室町幕府を樹立した足利尊氏の祖父、家時が創建。足利氏は4代90年にわたり栄えましたが、その後は、足利と上杉両氏の菩提寺として栄えました。約2000本の孟宗竹の竹林には散策路がめぐらされて、多くの参拝者が絶えず訪れています。

聖観世音菩薩を表す優美な聖大悲殿の筆

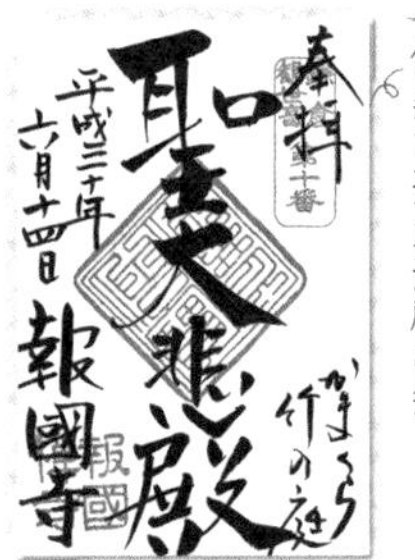

右の字…奉拝 かまくら竹の庭／中央の字…聖大悲殿／左の字…報国寺／右の印…鎌倉観世音第十番／中央の印…仏法僧宝(三宝印)／左の印…報国禅寺

☞竹林を眺めながら抹茶をいただくことも

☞宅間法眼作と伝わるご本尊の釈迦如来坐像を安置

鎌倉十三仏第13番仏の御朱印もいただけます

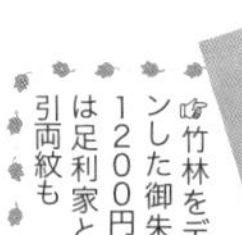

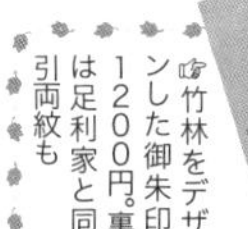

ココだけの御朱印帳！

☞竹林をデザインした御朱印帳1200円。裏には足利家と同じ引両紋も

癒やしのひととき

DATA 報国寺
- 臨済宗(りんざいしゅう) 功臣山(こうしんざん)
- 釈迦三尊(しゃかさんぞん)
- 建武元年(1334) 入母屋造(いりもやづくり)
- 住 鎌倉市浄明寺2-7-4
- 交 JR横須賀線、江ノ島電鉄線鎌倉駅から京急バス鎌倉霊園正門前太刀洗行きで8分、浄明寺下車、徒歩3分
- 料 無料

+α メモ／ 竹林にある休耕庵(茶席)で、抹茶(600円)をいただきながら静かなひとときを過ごせるのも魅力。本堂の裏手には手入れが行き届いた庭園があり、早春にはサンシュユが黄色い花を咲かせています。

御朱印帳＆便利グッズカタログ

御朱印帳には
寺社オリジナルのものから、
文房具店やＷＥＢで購入できるものまで
さまざまな種類があります。
千差万別のデザインのなかから、
ぜひお気に入りの御朱印帳を
見つけてみましょう！

Selection ❶

寺社オリジナル御朱印帳

各寺社の特徴がデザインに生かされたオリジナル御朱印帳はそこでしか手に入らないのが魅力

ダイナミックで個性豊か

寺社で購入することができる御朱印帳は、見た目がカラフルなものから落ち着いたデザインのものまで、寺社の個性がよく現れており、見ているだけでわくわくしてきます。また、寺社の歴史的背景や特徴がモチーフになっているものも多くあります。

淡いブルーが上品な印象♪

岡村天満宮の御朱印帳。優しい表情の「天神様の撫で牛」と、神社に咲き誇る紅白梅がモチーフです。1500円

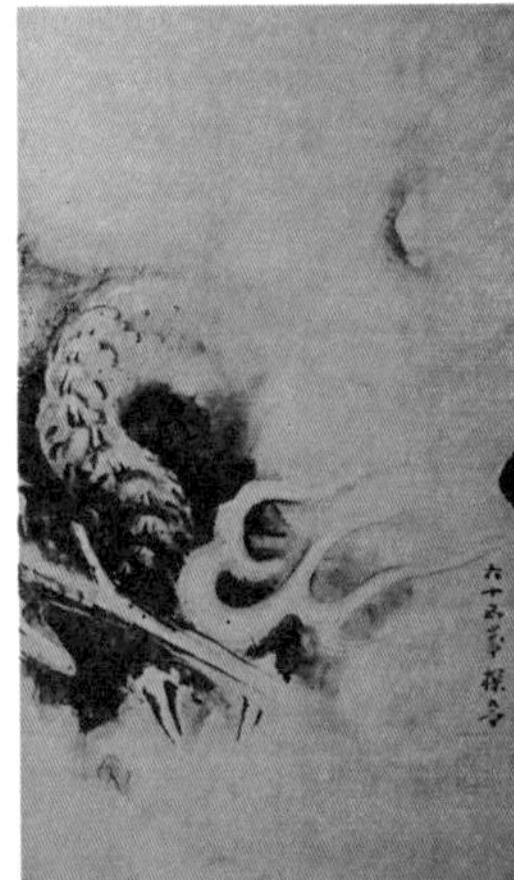

待鳳館の襖絵がデザインされています！

總持寺の御朱印帳。立派なお坊さんになってくださいという意味がこめられた龍。1200円

日本を代表する銅版画家の作品です♪

蒔絵調に金箔を装丁した鳳凰と神話の空想上の神獣がデザインされた出雲大社相模分祠の御朱印帳1500円

夜桜を思わせる美しいデザイン

ご本尊の十一面観音菩薩と桜の花が描かれた弘明寺の御朱印帳2000円。近くの大岡川沿いは、春に桜が咲き誇るプロムナード

中国神話の霊鳥、鳳凰が描かれている鶴岡八幡宮の御朱印帳1500円。裏表紙には、社紋が入っています

2色の鳳凰が神々しく舞い高貴な雰囲気

明治初期の横浜の様子が伝わります♪

伊勢山皇大神宮の御朱印帳。明治7年(1874)に歌川広重(3代)が描いた『横浜野毛伊勢山従海岸鉄道蒸気車図』からのカット。伊勢山皇大神宮の参道のにぎわい(表)や煙を上げて走る蒸気車(裏)が描かれています

男性と女性でペアで使うのもいいですね♪

海南神社の御朱印帳。表は朱色が華やかな社殿。裏は、三浦市重要無形民俗文化財に指定されている海南神社の夏例大祭。木遣り唄で町内渡御する神輿、行道獅子が大きくデザインされています。各1200円

どれも落ち着いた色合いで迷います♪

「仏心」と書かれた円覚寺の御朱印帳は色違いで3色、御朱印入りで各1500円。ほかに三つ鱗の御朱印帳もあり、御朱印入りで1800円

天狗が浮き上がる立体感♪

奥の院へ続く364段の石段と左右の天狗をデザインした最乗寺の人気の新作御朱印帳2800円

モダンなデザインで癒やされる♪

和み地蔵が描かれている長谷寺の御朱印帳1200円。裏面には寺紋が描かれています

神奈川県のお店で買える御朱印帳

横浜や鎌倉といった人気のスポットでは、かわいいデザインの御朱印帳を販売するお店があります。御朱印めぐりをしながら、お気に入りの1冊を見つけてみましょう!

メーカーならではの洗練されたデザイン

神奈川県で生まれたテキスタイルブランドのショップや、文房具店、生活雑貨店などで販売されている御朱印帳からは、古くから文化の交流が盛んだった港町の雰囲気が感じられます。オリジナリティにあふれ、洗練されたデザインの御朱印帳は、きっとみんなに自慢したくなるはず。

鎌倉・文具と雑貨の店 コトリ

文房具や雑貨を販売するお店。レトロでかわいらしいデザインは贈りものにもぴったり。オリジナルの商品も多数あります。

DATA 鎌倉・文具と雑貨の店 コトリ
☎ 0467-40-4913
住 鎌倉市大町2-1-11
交 JR横須賀線、江ノ島電鉄線鎌倉駅東口から徒歩7分
時 11～18時
休 月曜不定休

京友禅

京友禅の技法で和紙を手染め

表紙はやさしい風合いの和紙。京友禅の技法を用いて一枚一枚手染めで仕上げています。絵柄は鎌倉にちなんだものがデザインされています。

コトリの御朱印帳(各2200円)

京友禅の技法で和紙を手染めして仕上げました

拭う nugoo 鎌倉

鎌倉の手ぬぐい専門店。「日本国内製造」にこだわり、より自由なスタイルで染め物文化を生活に取り入れることを提案。2階にはカフェも併設しています。

DATA nugoo 鎌倉二の鳥居店
☎ 0467-22-4448
住 鎌倉市小町2-10-12
交 JR横須賀線、江ノ島電鉄線鎌倉駅東口から徒歩3分
時 10時30分～19時(土・日曜、祝日10時～)
休 火曜

注染

伝統製法のやさしい風合い

「注染」という伝統製法によってつくられた手ぬぐいを表紙に使用した御朱印帳。和モダン柄は男女問わず人気があります。

おなじみの手ぬぐいが御朱印帳に

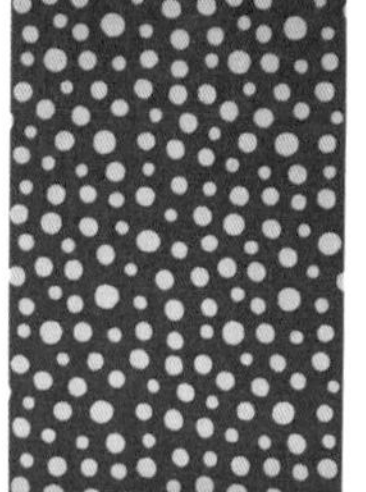

nugoo 御朱印帳 あられ青(1980円)

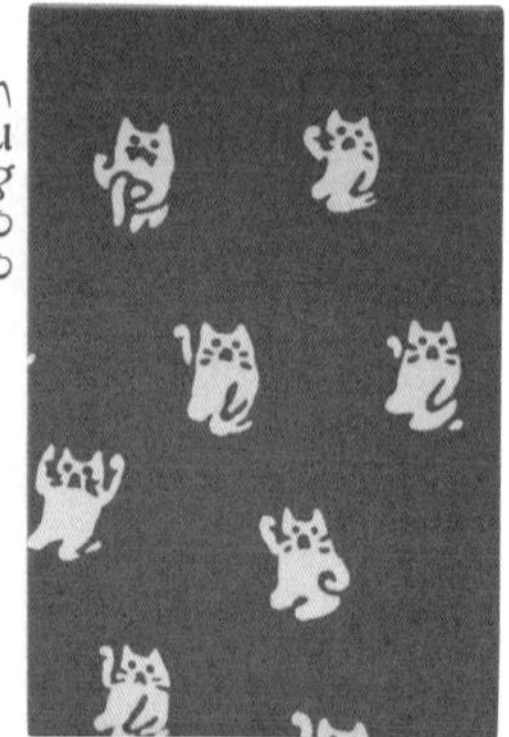

nugoo 御朱印帳 まねきにゃんこ(1980円)

nugoo 御朱印帳 七宝 エメラルド(1980円)

横浜捺染

きめ細やかな柄や鮮やかな色が魅力

職人の技が醸し出すきれいな発色や色の深み、横浜ならではの遊び心が感じられるデザインが人気。

手ぬぐい生地のなめらかで温かみのある肌ざわりが魅力

インコ並べの御朱印帳（1650円）

でんぐりパンダの御朱印帳（1650円）

豆柴大好きの御朱印帳（1650円）

濱文様（はまもんよう）

1992年創業の生活雑貨のブランド。企画、生産、販売をすべて行うことで、和洋にこだわらない多くの商品を製作するファクトリーブランド。

DATA 濱文様横浜元町店
☎ 045-263-6462
住 横浜市中区元町3-116高倉ビル1階
交 横浜みなとみらい線元町・中華街駅出口6から徒歩4分
時 11〜19時
休 月曜（祝日の場合は翌日）

日本をデザイン

「日本の美しい心」がテーマ

日本の歴史を感じさせる、自然や美しい精神性を表現したデザインが特徴です。ほかにも干支が描かれたシリーズなども展開しています。

テイストが異なる御朱印帳がいろいろあります

友禅御朱印帳 桜色発泡（1650円）

浮世絵御朱印帳 神奈川沖浪裏（1980円）

日本の神様御朱印帳 セオリツヒメ（1980円）

岩座（いわくら）

杉のアロマがほのかに香り、川音が流れ、まるで神社のような清浄な空間の店内。日本らしいデザインの商品を取り揃え、新しい「御守り」のあり方を提案。

DATA 岩座 横浜中華街本店
☎ 045-227-7166
住 横浜市中区山下町187
交 横浜みなとみらい線元町・中華街駅出口2から徒歩2分
時 10時30分〜21時30分（土曜・祝前日は〜22時30分、日曜・祝日は〜22時）
休 無休

Selection ❸

ネット専門店の御朱印帳&便利グッズ

オリジナルアイテムの選択肢が多彩で、見ているだけでも楽しい御朱印帳や、さらに集めたくなる便利グッズをご紹介。

御朱印帳

無地タイプから和柄、ポップ柄など数え切れないほどの種類があります。お寺や神社、ご利益、エリア別に分けて使うと楽しめそう。

職人さんが一冊一冊手作りで製本

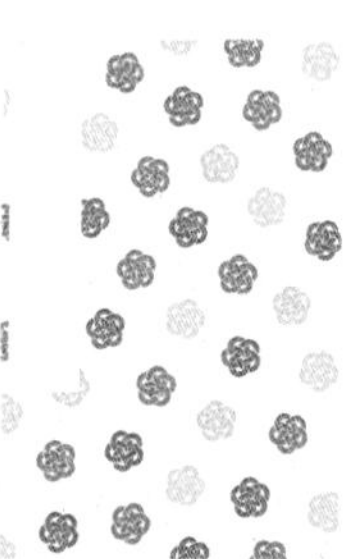

大判 梅むすびの御朱印帳(キナリ)(2145円)

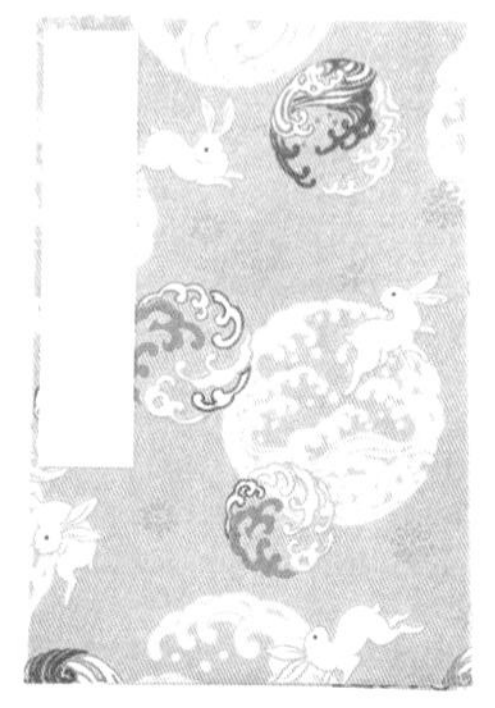

波跳ねうさぎの御朱印帳(ピンク)(1980円)

亀甲家紋和柄の御朱印帳(白)(1980円)

梅尽くしの御朱印帳(紺)(1980円)

御朱印袋

御朱印帳が汚れるのを防ぐだけでなく、表地と裏地の間に薄い中綿が入っているので衝撃からも守ってくれます。

かすり桜の御朱印袋(各2860円)

クラッチバックみたいでオシャレ!

丸うさぎの御朱印袋(キナリ)(2860円)

御朱印ホルダー

書き置きの御朱印や、御朱印帳のサイズに合わないときなど、のり付けには抵抗が…という人向け。フィルムをはがして貼りつけます。

丸うさぎの御朱印ホルダー(キナリ)(2970円)

招き猫の御朱印ホルダー(薄茶)(2970円)

書き置き御朱印をスマートに収納

一枚紙にいただいた御朱印がバラバラにならず、しっかり保管できるスグレもの!

御朱印帳しおり

書いてほしいページを指定するときにも活躍するしおり。

伊賀組紐
しおり
（2420円〜）

とんぼ玉
しおり
（1760円〜）

かなり便利、上品＆キュートな実用小物

御朱印帳カバー

袋に入れて御朱印のデザインが隠れてしまうのが嫌なら、こちらはいかが？ クリアタイプとつや消しマットの2タイプがあります。

かわいい御朱印帳を隠さずに守る

見える
御朱印帳カバー
（330円）

おみくじ帖

39枚を収納、日付や場所、結果なども記入できます。

うずまき柴犬
おみくじ帖（エンジ）
（2530円）

花うさぎ
おみくじ帖（紺）
（2530円）

愛らしい動物デザインに胸キュン！

ホリーホック

御 朱印帳だけでなくカバーやしおりなど、オリジナルの御朱印帳関連グッズなどを扱う通販サイトを運営。こちらで紹介した商品以外もオンラインで購入できます。詳しい商品説明がついているので安心かつ勉強にもなります。

https://www.goshuincho.com/

※商品の柄は変更され、販売終了となることもあります

こちらもCHECK！

ネットで買える御朱印帳＆便利グッズ

GOSHUIN
ノート

パステルカラーの和柄がかわいらしい御朱印帳。デザインも豊富。

ふじさん
（2200円）

猫
（2200円）

ちどり
（2200円）

ごいっしょぶくろ

御朱印帳や小物を一緒に入れることができる御朱印袋。

まねきねこ 赤
（2200円）

ねむりねこ 赤
（2200円）

kichijitsu

富 士山の麓にある山梨県吉田市発のテキスタイルプロダクトブランド。掛け軸や和装小物といった和生地を製造する光織物㈲と、デザイナー井上綾氏がコラボ、「毎日が吉日」をテーマに、縁起のよいことやものを現代風にアレンジした身近なプロダクトとして提案しています。

https://kichijitsu.jp/

かわいいお守りカタログ

厄除け、開運、合格祈願など人の願いをかたどった「お守り」。持っているだけでワクワクしそうな動物や花などをモチーフにしたキュートなお守りを見つけました。かわいいお守りを身につければ、運もテンションもアップ間違いなし！

八方除守1000円(左)、子授御守800円(右)

相模原氷川神社＊(左)あらゆる災いを取り除くことを祈願(右)人気の子授御守

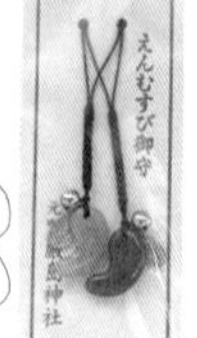

御守 1000円(左)、えんむすび御守 1000円(右)

元町嚴島神社＊波に三つ鱗の神紋。航海安全のご利益もある御守。日本神話の四女神たちに良縁をお願いする女性も多いとか

スイカ守700円、くり守700円、願い叶う守600円

長谷寺＊(左)いちとごでじゅうご。十分に良いご利益に恵まれ、願いが叶い、幸福になれるよう祈願。(中)苦(ク)しいことが離(リ)れる厄除けお守り

学業守
各600円

弘明寺＊やさしい色合いのお守り2種

森戸大明神＊防水加工がされているので、川や海のレジャーをはじめ、水に関わる仕事の際にも身につけることができます

水難除御守
700円

勝守
800円

東叶神社＊勝海舟にちなんで勝運があるとされています

流星守
700円

片瀬諏訪神社＊流れ星に願いを込めて。星空をデザインしたお守り

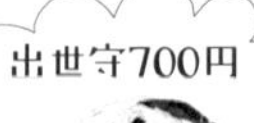

出世守700円

ペットのお守り
各800円

佐助稲荷神社＊源頼朝ゆかりのパワーある出世のお守り(左)と、ペットの健康や幸せを願うペットのお守り(右)

川勾神社＊スイスイ開運、身体健全♪

病気平癒御守
1500円

第4章

ご利益でめぐる御朱印

御朱印とともに授かりたいご利益。恋愛成就ならこの神社へ、合格祈願ならあのお寺へ…。お願い事が決まっているなら、こちらをチェック。

❶ 恋愛・縁結びに効く寺社

やっぱり気になる縁結びの御利益がある寺社。良い人とのめぐり合わせや、夫婦がずっと仲良く過ごせるように願いを込めて、さまざまな恋の願いを叶えてくれる仏様のもとへ、おまいりへいきましょう。

横浜市

女性に人気の縁結びの寺

佛願寺 横浜本山
●ぶつかんじ よこはまほんざん

佛願寺 横浜別院
●ぶつかんじ よこはまべついん

すてきな恋愛、仕事での人間関係、家庭円満など、良縁を結ぶパワースポットで縁結びの力をいただきます。

穏やかな空気の流れる住宅街にたたずむ縁結び、厄除けのお寺。別院と本山は徒歩1分ほどの場所にあり、かわいいお顔立ちをした向拝のお地蔵様が参拝者を出迎えてくれます。厄を祓い、良縁を祈願する「三ヶ所めぐり」のほか、写経や、3時間で読経、清掃、写仏、瞑想などが体験できる「プチ修行」も行っています。月替わりの御朱印をいただきに、毎月訪れる人も多いそうです。

☞穏やかで優しいお顔をしたお清め地蔵尊
☞引いたおみくじは、お守りとして持ち帰るか紐に結びます

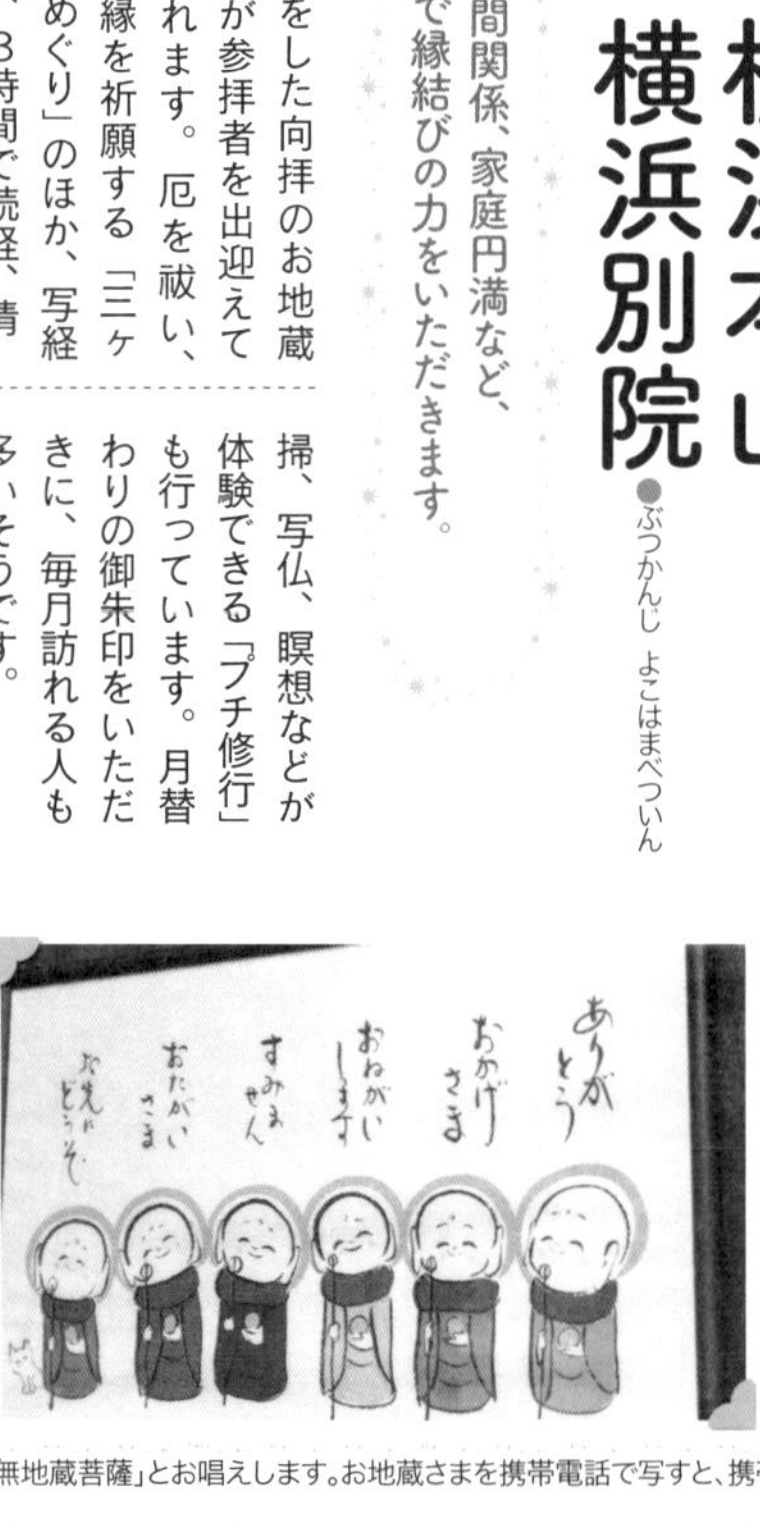

こちらもCHECK!

「3」の付く日に三ヶ所めぐりをしてみよう！

別院と本山を順番におまいりし、①お清め地蔵尊で厄を祓い、②良縁結び地蔵尊で良い縁を結び、③結縁仏で、それが長く続くよう祈願します。毎月3日、13日、23日、30日、31日に、この三ヶ所めぐりをすると「縁」のお守りが授与されます（先着10名）。

☞散華に願い事を書き線香3本を立て合掌します

☞線香を香炉に立て合掌し、願い事を3度唱えます

3の日限定お守り！

☞6体の地蔵尊になぞらえた日常六心

+α メモ/ 本山の縁結び地蔵のおまいりは、合掌し「南無地蔵菩薩」とお唱えします。お地蔵さまを携帯電話で写すと、携帯電話がお守りになるそうです。

9月の御朱印は秋薫る銀杏

右の字…奉拝／中央の字…南無佛／左の字…横浜別院 佛願寺 右の印…佛力本願／中央の印…仏法僧宝(三宝印)／左の印…舎利山佛願寺

夏は元気いっぱいの向日葵

右の字…奉拝／中央の字…結縁佛／左の字…横浜本山 佛願寺 右の印…佛教乃都／中央の印…良縁佛結願／左の印…舎利山佛願寺

季節の移ろいを記す月替わりの御朱印

見開きで鮮やかに四季を表現

朝顔

右の字…奉拝／中央の字…南無阿弥陀佛／左の字…横浜本山 佛願寺／右の印…佛教乃都／中央の印…右・無量光佛 中・良縁 佛 結願 左・無量寿佛／左の印…舎利山佛願寺

蓮

右の字…奉拝／中央の字…南無阿弥陀佛／左の字…横浜本山 佛願寺／右の印…大慈大悲／中央の印…右・倶会一処 中・寺紋 左・大慈悲心／左の印…舎利山佛願寺

紫陽花

右の字…奉拝／中央の字…南無阿弥陀佛／左の字…横浜本山 佛願寺／右の印…佛教乃都／中央の印…右・無量光佛 中・良縁 佛 結願 左・無量寿佛／左の印…舎利山佛願寺

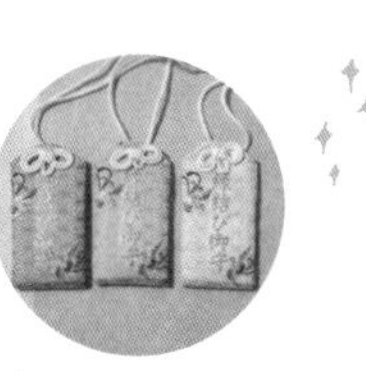

葡萄

右の字…奉拝／中央の字…南無阿弥陀佛／左の字…横浜本山 佛願寺 右の印…佛教乃都／中央の印…右・無量光佛 中・良縁佛 結願 左・無量寿佛／左の印…舎利山佛願寺

向日葵

右の字…奉拝／中央の字…南無阿弥陀佛／左の字…横浜本山 佛願寺／右の印…佛教乃都／中央の印…右・無量光佛 中・良縁 佛 結願 左・無量寿佛／左の印…舎利山佛願寺

良縁をお願い！

ご利益おもちかえり

縁結び御守 500円

ピンクは恋愛、緑は仕事、白は友人や家族のご縁を結びます

縁結び御守 800円

赤と白のちりめんの花がかわいい縁結びのお守り

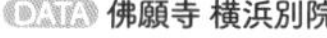

ココにも注目！

幸せを招くお守り入りのおみくじ300円。お守りには良縁を結ぶための心がけが書かれています

DATA 佛願寺 横浜本山

単立(たんりつ) 舎利山(しゃりざん)

阿弥陀如来(あみだにょらい)

2014年

住 横浜市港南区大久保1-14-10

交 京急本線、横浜市営地下鉄ブルーライン上大岡駅出口1から徒歩5分

料 無料

DATA 佛願寺 横浜別院

単立(たんりつ) 舎利山(しゃりざん)

招福地蔵菩薩(しょうふくじぞうぼさつ)

昭和48年(1973)頃

住 横浜市港南区大久保1-15-36

交 京急本線、横浜市営地下鉄ブルーライン上大岡駅出口1から徒歩4分

料 無料

+α メモ 別院のお清め地蔵は、気がつかないうちに重ねた罪や穢れを祓い、清めてくれます。こちらも合掌して「南無地蔵菩薩」を唱えましょう。お地蔵さまの首に巻いているスカーフは月ごとに替わり、それを楽しみに毎月参拝される人もいるそうです。

鎌倉市

鶴岡八幡宮

鎌倉の歴史を伝える源氏の守護神

●つるがおかはちまんぐう

関東屈指の人気神社で、境内は勝負運・学業・安産・縁結び・良縁などのご利益とパワースポットの宝庫です。

康平6年（1063）、奥州を平定した源頼義が鎌倉に帰り、源氏の氏神として京都の石清水八幡宮を由比ヶ浜辺にお祀りしたのが始まり。鎌倉幕府初代将軍・源頼朝が建てた源氏ゆかりの神社として、勝負運・出世運を祈願する人も。妻の北条政子が安産祈願した「政子石」は夫婦円満・縁結びのご利益があるとされ、倒木から一転若葉が芽吹いた「大銀杏」なども再生祈願の人が絶えません。

太鼓橋は、寿永元年（1182）架けられたものと考えられています

☝大石段を上ると楼門の先に本宮(上宮)があり、若宮(下宮)とともに国の重要文化財 ☝若宮社殿脇のビャクシンは、鎌倉3代将軍・源実朝が宋から苗を取り寄せて植えたといわれています

鎌倉江の島七福神巡りで願望成就を願う

奉拝
旗上弁財天社
令和 年 月 日
鎌倉江の島七福神

右の字……奉拝
中央の字……旗上弁財天社
右の印……鎌倉江の島七福神
中央の印……鎌倉 旗上弁財天社 鶴岡

☝弁財天は、学問、芸術、財福などを司る神様として人気です

鎌倉武士の守り神を現代人が仰ぐ

相州鎌倉鎮座
鶴岡八幡宮
令和元年 月 日

中央の字……鶴岡八幡宮
右の印……相州鎌倉鎮座
中央の印……鶴岡八幡宮

☝本宮に祀られた神々におまいりすると、勝負運や仕事運がつくとされています

☝源頼朝公、実朝公を祀る白旗神社。勝負事や学問の神様として信仰されています ☝水で洗うと鶴亀の紋様が現れるという縁起の良い鶴亀石

ココだけの御朱印帳！

☝本宮が描かれている御朱印帳1700円。裏面には海岸から続く桜並木の段葛の風景

ご利益おもちかえり

鳩鈴守 1000円

☝八幡様のお使いとして境内を羽ばたく鳩をモチーフにした開運のお守り

☝イチョウの葉の絵馬。イチョウの若木の生命力にあやかり、願い事が神様に届きますようにと祈願

DATA 鶴岡八幡宮

応神天皇・比売神・神功皇后（おうじんてんのう・ひめがみ・じんぐうこうごう）

建久2年(1191)

流権現造（ながれごんげんづくり）

住 鎌倉市雪ノ下2-1-31

交 JR横須賀線、江ノ島電鉄線鎌倉駅東口から徒歩10分

料 無料(宝物殿は200円)

+α メモ 御朱印は、大石段の手前にある祈祷受付で授与しています。初穂料は500円。鎌倉江の島七福神の御朱印は、ここではなく、旗上弁財天にて、300円で授与しています。

伊勢原市

伊勢原大神宮

伊勢神宮の神へおまいり

●いせはらだいじんぐう

元和6年(1620)、伊勢出身の山田曾右衛門と鎌倉出身の湯浅清左衛門がこの地を開拓、伊勢神宮の神を勧請して創建。このことから当地は伊勢原とよばれるようになりました。天照皇大御神が内宮に、豊受姫大神が外宮に、奉祭されています。

縁結び、夫婦円満 万事円満を願います

奉祝御大礼 伊勢原大神宮 外宮 令和元年十月一日

中央の字…伊勢原大神宮
右の印…奉祝御大礼／中央の印…上・伊勢原大神宮 下・内宮外宮
☞伊勢まで行かなくても、伊勢の神様の御朱印がいただけます

ココだけの御朱印帳！
☞伊勢神宮の花菱紋と内宮、外宮がデザインされた御朱印帳。小1000円、大1500円

☞伊勢神宮と同じく内宮、外宮の2つに分かれて社殿があり、向かって右が外宮。伊勢と同様に先に外宮から参拝するのがしきたり

ココにも注目！
☞万事円満を祈念する絵馬600円 ☞内宮と外宮を表現したシンボルマーク

ご利益 おもちかえり

開運 しあわせ守 600円
☞四つ葉のクローバーがモチーフのクリスタルのお守り

子宝守 600円
☞子宝にご利益のあるコウノトリと赤ちゃんのデザイン

DATA 伊勢原大神宮
天照皇大御神・豊受姫大神（あまてらしますすめおおみかみ・とようけひめのおおかみ）
元和6年(1620) 神明造（しんめいづくり）
住 伊勢原市伊勢原3-8-1
交 小田急小田原線伊勢原駅北口から徒歩10分
料 無料

+α メモ 内宮と外宮のシンボルマークは、伊勢原出身の画家・平野杏子さんがデザインしたもので、「ひとりよりふたり」「ひとつよりふたつ」をテーマに、お互いが存在して、はじめてバランスがとれることを表現しています。

横浜市

子神社

神聖な場所で良縁祈願！

●ねのじんじゃ

創建は推古天皇の時代と伝えられています。社名の「子」はネズミのことで、ご祭神・大国主命のお使いのネズミであるため、甲子の日に祭事が執り行われていたことから神社の名前になりました。横浜の大国主さんとよばれ人々から親しまれています。

縁結びの神様に良縁を祈願

奉拝 縁結び 横濱の大国主さま 子神社 令和元年九月九日

☞「縁結び」の文字が心願成就を力強く後押ししてくれます

中央の字…上・縁結び 下・子神社
右の印…奉拝 横浜の大国主さま／中央の印…子之神社之印

☞ここはかつて霊地保護のため立入禁止の神聖な場所でした

ココにも注目！
☞春には桜が咲き誇り、境内には導きの神様・猿田彦命像もあります

ご利益 おもちかえり

良縁を祈願！

御守 500円
☞良い縁が結ばれるよう身につけます

DATA 子神社
大国主命（おおくにぬしのみこと）
不明
略式春日造（りゃくしきかすがづくり）
住 横浜市中区日ノ出町2-132
交 京急本線日ノ出町駅から徒歩5分
料 無料

+α メモ 御朱印はここから徒歩15分の伊勢山皇大神宮(→P138)でいただくことができます。子神社を参拝したあと、いただきに行きましょう。

藤沢市

片瀬諏訪神社

諏訪大社、最古の分霊

●かたせすわじんじゃ

奈良時代の養老7年(723)、信濃国の諏訪大社からの分霊を上下両社に祀り創建されました。元弘3年(1333)の新田義貞の鎌倉攻めで、両社ともに焼失しましたが、正平2年(1347)に再建され、片瀬地区の氏神様として崇敬されています。

☞弘仁3年(812)に宇宮畑(片瀬1丁目)から遷された下社。社殿は昭和16年(1941)に改築されたもの

ココにも注目！ 上社は、下社から徒歩5分ほどの場所に鎮座。上社は無人なので、御朱印は下社で

諏訪大社の梶の葉は上下異なる2つの葉

右の字…奉拝／中央の字…諏訪神社
右の印…相州片瀬／中央の印…右上・明神梶の葉　左上・諏訪梶の葉　下・諏訪神社

☞諏訪大社の紋章の梶の葉は、上社は根が4本、下社は5本

ココだけの御朱印帳！

☞片瀬東浜に神輿が降りる8月の例大祭をイメージしたデザインの御朱印帳 1500円

ご利益おもちかえり

夢叶守 500円
☞「夢」と「叶」の文字が刺繍されたかわいいお守り

縁合御守 1000円
☞片瀬諏訪神社の夫婦神にあやかった良縁のお守り

DATA 片瀬諏訪神社
- 上社 建御名方富命(たけみなかたとみのみこと)、下社 八坂刀売命(やさかとめのかみ)
- 養老7年(723)
- 上社 流造(ながれづくり)、下社 流権現造(ながれごんげんづくり)
- 住 上社 藤沢市片瀬2-19-26、下社 藤沢市片瀬2-21-16
- 交 江ノ島電鉄湘南海岸公園駅から徒歩5分
- 料 無料

+α メモ／ 祭神が生活の根源神なので家内安全、厄除、良縁、必勝祈願、また夫婦神なので夫婦和合、縁結びのご利益が。御朱印がいただけるのは社務所がある下社。上社は下社から住宅街を5分ほど歩いた場所にあります。

秦野市

出雲大社相模分祠

良縁結ぶ関東のいづもさん

●いづもたいしゃさがみぶんし

大国主大神の神徳を関東地方に広めるため、明治21年(1888)に、出雲大社の御分霊をこの地に鎮祭。男女の縁だけでなくさまざまな幸福の縁を結んでくださる神様として、地元のみならず神奈川県各地より崇敬を集めています。

☞大社造と権現造を組み合わせた独自の木造社殿で、翼幣殿とよばれる長い幣殿が特徴

すがすがしいパワーが漲る関東のいづもさん

右の字…奉拝／中央の字…出雲大社相模分祠／右の印…上・関東のいづもさん　下・勾玉／中央の印…二重亀甲に大

☞御朱印は、出雲大社相模分祠のほか、御嶽神社と八坂神社のものがいただけます

ココだけの御朱印帳！

☞干支をあしらった御朱印。毎年購入して、集めている参拝者もいる。2000円

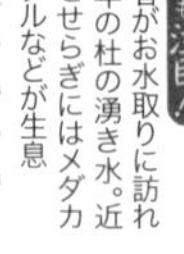

ココにも注目！ 参拝者がお水取りに訪れる千年の杜の湧き水。近くのせせらぎにはメダカやホタルなどが生息

ご利益おもちかえり

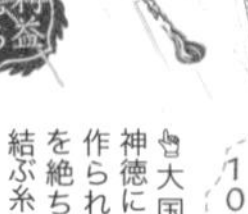

縁結びの糸 1000円
☞大国様の御神徳にちなんで作られた、悪縁を絶ち、良縁を結ぶ糸

七福神絵馬 800円
☞諸願成就の福の神。裏面に名前と願いを書いて開運招福を祈ります

DATA 出雲大社相模分祠
- 大国主大神(おおくにぬしのおおかみ)・事代主大神(ことしろぬしのおおかみ)
- 明治21年(1888)
- 大社造(たいしゃづくり)・権現造(ごんげんづくり)
- 住 秦野市平沢1221
- 交 小田急小田原線秦野駅から神奈川中央交通バス渋沢駅北口行きバスで5分、保健福祉センター前下車、徒歩3分
- 料 無料

+α メモ／ 出雲大社を象徴する大きなしめ縄があり、参拝は、島根県・出雲大社と同じ2礼4拍手1礼。御朱印の初穂料は、出雲大社相模分祠が500円で、御嶽神社と八坂神社は各300円ですが、3社セットだと1000円になります。

鎌倉市

葛原岡神社

倒幕の勇士を祀る

●くずはらおかじんじゃ

後醍醐天皇の忠臣で鎌倉時代後期の公家、日野俊基卿を祀る。近代になり鎌倉幕府倒幕の功労者として評価され、明治天皇より従三位をいただき、明治20年（1887）に創建されました。学問の神様として、また開運、良縁の神様として崇敬され、参拝者も多く訪れます。

☞鳥居の横には、魔去ル石があり、魔が去るように願いを込めて、盃を石に向かって投げます。初穂料100円

鶴丸の印がご縁を運んでくれる

右の字…奉拝／中央の字…葛原岡神社
右の印…鶴丸（日野家の家紋）／中央の印…葛原岡神社の印
☞縁結びの神様として女性の参拝者が多く、恋愛運がアップ！

ココだけの御朱印帳！

☞デザインやカラーバリエーションが豊富で各2000円

ココにも注目！
赤い糸に5円玉を通して石に結ぶ縁結び石

縁結びの絵馬500円

ご利益おもちかえり

さくら貝御守1200円
☞鎌倉の海岸で採れたサクラ貝で、良縁を呼ぶお守り

縁結び守700円
☞良き人と赤い糸で結ばれることを祈願して

DATA 葛原岡神社
日野俊基卿（ひのとしもときょう）
明治20年（1887）
住 鎌倉市梶原5-9-1
交 JR横須賀線北鎌倉駅から徒歩30分
料 無料

+α メモ／ 源氏山公園にあり、JR北鎌倉駅から銭洗弁財天や高徳院などをめぐるハイキングコースの途中にあります。境内には、祭神の日野俊基卿の墓や終焉の地碑などもあります。また本殿横には、旧本殿以来の昇運の神龍が掲げられています。

鎌倉市

成就院

弘法大師ゆかりの寺

●じょうじゅいん

弘法大師が護摩修行をした地に北条泰時が創建しました。元弘3年（1333）新田義貞の鎌倉攻めで焼失し、西ヶ谷に移ったが、元禄元年（1688）、もとの地に再建されました。境内には縁結びの不動明王が祀られています。

108段の石段を上がり海を見渡しながら

ココにも注目！
☞本尊の不動明王や聖観世音菩薩などを安置
☞安産などの功徳がある子安地蔵菩薩と子生石

右の字…奉拝／中央の字…聖観世音／左の字…成就院
右の印…鎌倉観世音第二十一番／中央の印…サ（梵字）聖観世音菩薩の御宝印／左の印…成就院印
☞鎌倉三十三観音霊場の御朱印

本尊と虚空蔵菩薩の御朱印もいただけます

ご利益おもちかえり

安産子育御守500円
☞境内の子安地蔵菩薩を参拝すれば、安産や子育てのご利益も倍増

縁結御守500円
☞ユニークな絵巻物の形で、恋愛運だけでなく、人間関係や仕事運もアップ

DATA 成就院
真言宗（しんごんしゅう） 普明山（ふみょうざん）
不動明王（ふどうみょうおう）
承久元年（1219）
入母屋造（いりもやづくり）
住 鎌倉市極楽寺1-1-5
交 江ノ島電鉄極楽寺駅から徒歩3分
料 志納

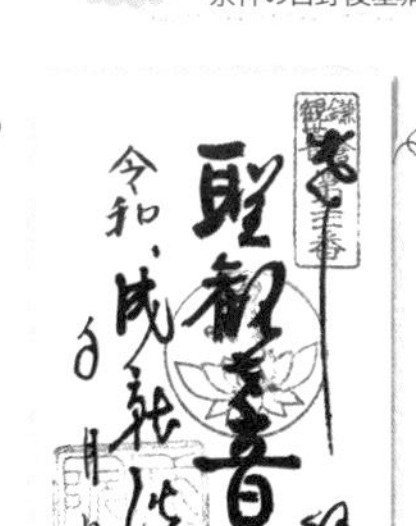

+α メモ／ かつてはアジサイの寺としても知られ、由比ヶ浜を望む108段の参道を彩っていましたが、参道の改修の際、アジサイは宮城県の被災地へ寄贈し、現在は宮城県花の萩が参道を彩っています。

「健康でいたい」というのは多くの人の願いです。病気平癒のご利益のある寺社に、いつまでも健康で元気に過ごせるようにおまいりしましょう。

鎌倉市

平和を祈る白衣観音像

大船観音寺

●おおふなかんのんじ

巨大な白衣観音像で有名な禅寺。JR東海道線の車窓からも見える巨大な観音様は、大船のシンボルとなっています。

JR大船駅を通り過ぎるたびに、高さ25mの白い優美な顔立ちの観音様が森の中から顔を出しているのが見えます。「大船観音の下半身は山中に埋まっている」という都市伝説も生まれるほど、インパクトのある像は昭和4年(1929)に平和祈願のために地元有志が建立に着手。その後戦争により中断され、20年以上放置されたのち、昭和35年(1960)に完成しました。大船の街並みが見渡せる小高い丘の上に立つ大船観音は、地質の関係で胸から上だけの像となりましたが、無病息災の仏様として、子宝や安産、子どもの成長にご利益があるとか。胎内に入ることもでき、背中から内部に入ると、20分の1の原型像や千体仏などを拝観できます。

☞全長約25mの巨大白衣観音像は、大船のシンボルとして親しまれています

☞原爆の犠牲者や戦没者を供養し、平和への願いを込めた小さな千体仏が奉納されています

☞神奈川県の原爆被災者の会が原爆による犠牲者の霊を合祀した慰霊碑が立ち、千羽鶴が捧げられています

+α メモ／ 境内にある原爆の火の塔には、被爆当時の残り火がいまもなおお灯っています。原爆犠牲者を弔う火であり、恒久平和を願う火だといわれています。

ココだけの御朱印帳！

☞青空と桜の花を背景に白衣観音像が描かれている1200円

☞3色展開の白衣観音像がデザインされた御朱印帳、各1200円

☞観音像の内部では、縮小されたサイズの観音像をはじめ、大船観音建立時の写真などを展示しています

モダンでありながら風情ある筆跡

右の字……奉拝
中央の字……白衣観音
左の字……大船観音寺
右の印……大船観音参拝記念
中央の印……南無白衣観音
左の印……仏海山大船観音寺印

ご利益おもちかえり

健康守 700円
☞微笑ましい観音様がデザインされたお守りで、健康祈願を

白衣観音像
☞手のひらサイズの小さな観音様。小500円、大は1300円

☞大船観音のゆるキャラ「のんちゃん」のお守り700円。こちらはさらに微笑ましい観音様になっています

年に一度だけ御開帳される中世の秘仏

☞慈光堂には、平安後期(藤原時代)に造られたという一木造の聖観音立像が祀られ、正月の三が日だけ見ることができます

DATA 大船観音寺
曹洞宗（そうとうしゅう） 仏海山（ぶっかいさん）
聖観世音菩薩（しょうかんぜおんぼさつ）
昭和56年(1981) 不明
住 鎌倉市岡本1-5-3
交 JR東海道本線ほか大船駅西口から徒歩5分
料 300円

+α メモ／ 日本一の大観音像建立の構想は、昭和2年(1927)に始まり、その2年後には、工事に着手されましたが、地層の問題から立像建立を胸像に変更しました。その後、世界恐慌や世界大戦などを経て、昭和35年(1960)4月に完成しました。

秦野市

白笹稲荷神社

●しらささいなりじんじゃ

名水の地で信仰されてきたお稲荷さん

丹沢山系の清水が湧き出る関東三大稲荷のひとつ。草木の精霊を祀る「東末社」は近年、注目されているパワースポット。

創建年代は不詳ですが、稲荷信仰を広めた古代大和豪族・秦氏ゆかりの地で、穀物霊を祀り、人びとの衣食住を司る神様として信仰されてきました。朱色の鳥居の前に竹筒から滴り落ちる手水があり、飲むこともできます。鳥居の横には子守の母狐が鎮座。社殿には神様のお使いとなる狐様へお供えする油揚げが竹につるされるなど、親しみやすい雰囲気が漂います。

丹沢の麓、豊作の神のお使い

奉拝
相模秦野
白笹稲荷神社
令和元年九月三日

☞境内には自然の湧き水があり、「南はだの村七福神めぐり」の寿老人が祀られています

右の字……奉拝
中央の字…相模秦野
白笹稲荷神社
右の印……上：相州秦野鎮座
下：月見狐(9月)
中央の印…白笹稲荷神社
左の印……上：関東三大稲荷
下：宝珠

☞五穀豊穣、商売繁盛や家内安全などのご利益が。御朱印は毎月変わります

☞拝殿の龍神を描いた天井絵は、一般公開されています

ココにも注目！

風水四神など格天井150枚、歌舞伎絵の第一人者、後藤芳世氏が7年の歳月をかけて描きました

ココだけの御朱印帳！

☞表は白と赤でお稲荷さんらしいデザインで、裏には白笹と社紋が描かれたオリジナルの御朱印帳1500円

☞子どもの健やかな成長のご利益があるという子守り母狐

ご利益おもちかえり

喜常守 500円

☞常に喜びをもたらす開運招福のお守り、淡いピンクとグリーンの2色

きつね根付守 300円

☞小判と小さな鈴が付いて、縁起がよさそうなストラップタイプのお守り

DATA 白笹稲荷神社

宇迦御魂命（うかのみたまのみこと）・大宮売命（おおみやめのみこと）・猿田彦命（さるたひこのみこと）

不明　方形造（ほうぎょうづくり）

住 秦野市今泉1089
交 小田急小田原線秦野駅南口から徒歩18分
料 無料

+α メモ／ 拝殿の裏手には、権兵衛稲荷や草木の精霊を祀る東末社があり、稲荷大明神の赤い鳥居が連なるあたりはドラマのロケにも使用され、神社の入口付近にある子守り母狐とともに人気の撮影スポットになっています。

小田原市

日本唯一ののどの神様

佐奈田霊社

●さなだれいしゃ

石橋山の戦いで討死した佐奈田与一義忠へ思いをはせながら、のどの健康を祈ります。

治承4年（1180）の石橋山の合戦で不運の討死をした佐奈田与一義忠を祀っています。合戦の際、与一の声が出ずに味方が駆け付けられなかったといわれ、与一の霊魂が「のどやせき・気管支炎・ぜんそく」に悩む人々を救う慈悲の誓願があると信仰されています。芸能関係者の参拝者も多く、有名な佐奈田飴はすっきりとしながらも、のどにやさしい味です。

近くには石橋山古戦場の石碑もあり、本堂には古戦場から発掘された刀なども奉納されています

与一が葬られているという与一塚

25歳で散った若き武将を偲んで

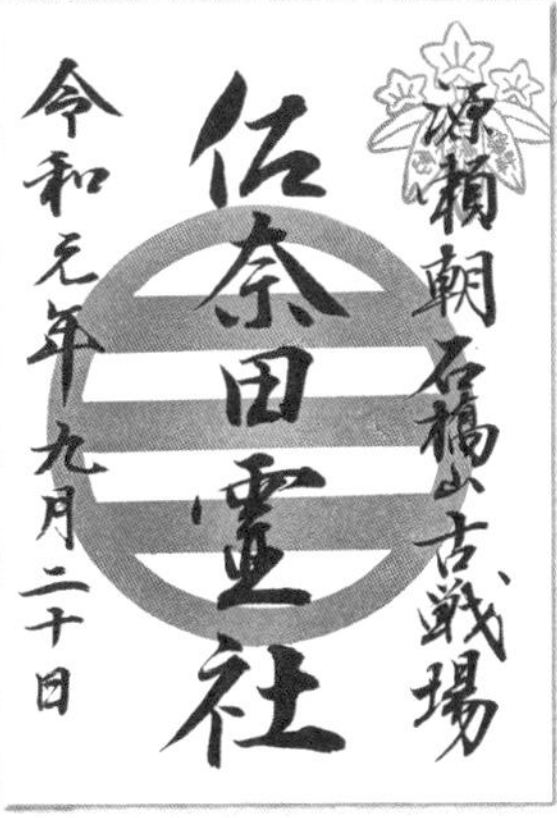

源頼朝 石橋山古戦場
佐奈田霊社
令和元年九月二十日

右の字……源頼朝 石橋山古戦場
中央の字…佐奈田霊社
右の印……笹竜胆
中央の印…丸に三つ引き両

2つの家紋が躍り、ササリンドウには「奉拝 石橋山記念」とあります

災厄や苦痛を取り除いてくださいます

秘仏とされる木造の孔雀明王像。孔雀明王はさまざまな災いを取り除く功徳があるといわれています

精巧な細工が施されている観音堂

本堂に祀られている佐奈田与一義忠の木像

ご利益おもちかえり

佐奈田飴 500円
声を使う芸能関係者に人気があるというのど飴

御霊符 500円
中にはお経が書かれた紙があり、それを飲むとよいといわれています

のどの健康を祈って

DATA 佐奈田霊社
佐奈田与一義忠（さなだよいちよしただ）
治承4年（1180） 神明造（しんめいづくり）
住 小田原市石橋420
交 JR東海道本線早川駅から徒歩25分
料 無料

+α メモ／ 石橋山の合戦の舞台のすぐそばの小高い丘の上に立ち、境内からは相模湾を見下ろせます。近くには「ねじり畑」があり、与一が討死したこの場所に育つ作物はみなねじれてしまったことから、この名が付けられたといわれています。

茅ヶ崎市

往古より八幡信仰の本地

鶴嶺八幡宮

●つるみねはちまんぐう

癌封じにご利益がある神社として名高く、境内にある淡嶋神社は女性らしく健康で過ごせるご利益があるといわれています。

長元3年（1030）、源頼義は下総の乱鎮定のため、京都の石清水八幡宮を現地に懐島八幡宮として勧請し、先勝祈願をしたと伝わります。宇佐八幡勧請説もあるが、歴代将軍の信仰も篤く、源氏が関東へ進出する際、創建した最初の氏社とされています。

健康を祈っておまいりしましょう

源頼義が鶴岡若宮を創建すると、その旧社にあたることから、本社八幡宮とよばれました

右の印……上・鶴嶺八幡宮末社　下・がん封じ　中央の印…右上・相州湘南淡嶋神社　左上・えぼし麻呂とミーナ　下・淡嶋神社

癌封じで知られる淡嶋神社の御朱印。茅ヶ崎市の広報キャラクターがかわいい

ココにも注目!

かわらけ（素焼きの土器）を大イチョウの前にある厄割石に当てて厄を払います。初穂料100円

淡嶋神社の神様は女性の守護神

右の字……奉拝　中央の字……鶴嶺八幡宮　右の印……相州茅ヶ崎鎮座　中央の印……鳩 鶴嶺八幡宮

めずらしい鳩の印。幸運を運んでくれそうです

ココだけの御朱印帳!

表は社殿と大イチョウ、裏には茅ヶ崎市の広報キャラクターが入った御朱印帳　1500円

ご利益おもちかえり

癌封じ御守　1000円

癌封じ石がある少彦名命を祀った末社の淡嶋神社のお守り。桐箱入り

女人守護　800円

胡蝶蘭のデザインで女性が美しく健康で過ごせるように祈願したお守り

鳩みくじも人気♪

DATA 鶴嶺八幡宮

応神天皇（おうじんてんのう）・仁徳天皇（にんとくてんのう）・佐塚大神（さづかのおおかみ）・菅原道真公（すがわらのみちざねこう）

長元3年（1030）　入母屋造（いりもやづくり）

住 茅ヶ崎市浜之郷462

交 JR東海道本線茅ヶ崎駅から神奈川中央交通バス寒川駅南口行きなどで9分、鶴嶺小学校下車、徒歩2分

料 無料

+α メモ／ 境内には、癌封じの石が置かれた末社の淡嶋神社のほか、鉾宮神社、鶴嶺稲荷神社があります。また源義家が戦勝を祈願して植えたという大イチョウや、源頼義がやはり先勝祈願で植えたというご神木のマキなどが残ります。

鎌倉市

上行寺

癌封じで知られる

●じょうぎょうじ

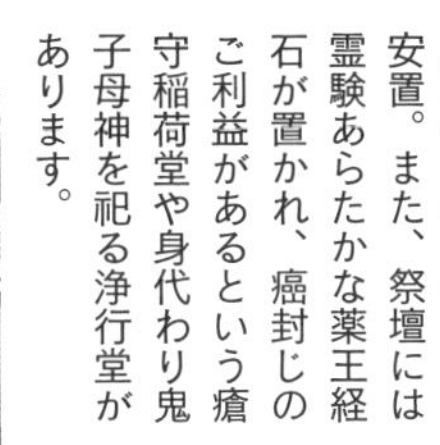

正和2年（1313）、日範上人の創建。本堂には、日蓮上人像や開山の日範上人像、観音像などが安置。また、祭壇には霊験あらたかな薬王経石が置かれ、癌封じのご利益があるという瘡守稲荷堂や身代わり鬼子母神を祀る浄行堂があります。

☞宝暦年間（1751～1764）に瘡守稲荷大明神を勧請した瘡守稲荷堂と身代わり鬼子母神を祀る浄行堂

大明神の御力で悪病を封じ込める

☞全国的にも珍しい癌封じの御朱印がいただける

かまくら　日蓮宗　癌封　上行寺　令和元年九月十一日

右の字…かまくら／中央の字…癌封じ／左の字…上行寺　中央の印…日蓮宗法久山上行寺

ココにも注目！

稲荷堂の左隣に合祀された鬼子母神。髪は1000人の女性の髪を抜いて奉納されたといわれています

ご利益おもちかえり

薬師瘡守稲荷祈祷志納　☞癌封じのほか、身体健康、病気回復のご利益が

薬師瘡守稲荷御守300円　☞悪病封じ、元気回復のお守り。鬼子母神御守も

DATA 上行寺
- 日蓮宗（にちれんしゅう）　法久山（ほうきゅうざん）
- 三宝祖師（さんぽうそし）
- 正和2年(1313)
- 住 鎌倉市大町2-8-17
- 交 JR横須賀線、江ノ島電鉄線鎌倉駅東口から徒歩12分
- 料 無料

+α メモ／ 本堂は明治19年(1886)に名越の妙法寺の祖師堂を移築したものといわれ、およそ200年前に造営された名残を見せている。また、山門裏には左甚五郎作といわれる龍の彫物が、数度の災害から逃れ、今も残ります。

川崎市

溝口神社

子授け・安産・絆を結ぶ

●みぞのくちじんじゃ

鎌倉時代より地域の鎮守として人びとからの篤い信仰を集め、明治維新後に伊勢神宮のご分霊をお祀りしました。本殿裏に鎮守する「垂乳根（たらちね）の銀杏」は子授けや安産の「夫婦銀杏」や「親子楠」などは夫婦や親子の絆を結ぶご利益があると知られています。

☞拝殿に掛けられた扁額は日本海軍の指揮官・東郷平八郎によるもの。木板に直接書き、彫られているのだそう

ココにも注目！

手水舎の周りに奉納されている数々のしゃもじは「無事すくいとる」の願いが込められた祈願しゃもじ

格式を感じるしっかりとした筆使い

奉拝　溝口神社　令和元年九月二十日

右の字……奉拝　中央の字…溝口神社　中央の印…溝口神社

☞シンプルかつしっかりとした美しい書体が特徴的な御朱印です

ココだけの御朱印帳！

☞表には社殿やご神木が配され、裏はご神木の「長寿ケヤキ」をデザイン。1500円

お正月限定の御朱印も

奉拝　溝口神社　令和二年一月一日　元帥伯爵東郷平八郎謹書　御守護

右ページ・右の印…奉拝／中央の字…溝口神社／左の字…元帥伯爵東郷平八郎／中央の印…溝口神社　左ページ・中央の印…上・御守護　下・宮司之印

DATA 溝口神社
- 天照皇大神（あまてらすおおみかみ）
- 鎌倉時代
- 石蔵造（いしぐらづくり）
- 住 川崎市高津区溝口2-25-1
- 交 東急田園都市線、大井町線溝の口駅から徒歩5分
- 料 無料

+α メモ／ 干支が入ったお正月限定の御朱印は、社宝『東郷平八郎元帥謹書 扁額』の文字を転写し御朱印とした特別な御朱印で、人気を集めています。

③ 金運・財運アップに効く寺社

人生で避けて通れないことといえば、お金のこと。できれば一生お金に苦労をせずに過ごしていきたいものです。多くを求め過ぎず、清い心で日々の平穏な暮らしを祈って、金運招福の神仏にお願いをしましょう。

スタジイの群生に包まれた緑深い神社

やさしい表情のエビス様

鎌倉の鬼門にあたる海に面した小山に建立された社

三種の神器が添えられた心引き締まる御朱印

右の字……奉拝
中央の印…上:三種の神器 下:富岡八幡宮

ハマのエビス様で開運を祈念

富岡八幡宮

●とみおかはちまんぐう

にこやかな福の神で知られるエビス様へ、困難を乗り越え、開運をつかむパワーをいただきにまいりましょう。

源頼朝が鎌倉幕府の災難防除のために建立した神社です。応長元年(1311)の大津波の際には部落を守ったことから「波除八幡」ともよばれ、広く江戸方面からも信仰を集めました。

ご祭神の八幡大神は勝運や産業振興の守り神、蛭子尊(エビス様)は繁栄と開運のパワーを授けてくれます。

添え印は三種の神器、八咫鏡、八尺瓊勾玉、天叢雲剣をイメージしたもの。シンプルで力強い御朱印です

ココだけの御朱印帳!

波に乗って困難を乗り越える!

波除八幡にちなんだ、波をモチーフにした御朱印帳。赤・黄・青のカラフルな波で目立つことまちがいなし

ご利益おもちかえり

勝守 800円

勝負事や幸福にご利益があります。波に乗れる、縁起のいいお守り

うまくいくお守り 800円

鳥居と森、海が描かれたお守り。何事もうまくいくようにお守りいただきます

DATA 富岡八幡宮

八幡大神(はちまんおおかみ)・蛭子尊(ひるこのみこと)・天照皇大神(あまてらすおおみかみ)
建久2年(1191) 流造(ながれづくり)
住 横浜市金沢区富岡東4-5-41
交 京急本線京急富岡駅から徒歩8分
料 無料

+α メモ/ 毎年7月の例大祭で行われる「祇園舟」は、神社前の海に舟を流し、豊穣と豊漁に感謝します。9月は釜に湯をたぎらせて神楽を舞う「湯立神楽」が行われ、この日におまいりすると1年間参拝したのと同じご利益があるそうです。

鎌倉市

金運・財運上昇のパワースポット！

銭洗弁財天宇賀福神社

●ぜにあらいべんざいてんうがふくじんじゃ

岩窟内に湧く霊水で金銭を洗い清め、心身を清めれば、不浄の塵垢が消えて、福銭になるといわれる鎌倉五名水のひとつ。

文治元年（1185）、源頼朝の夢枕に現れた老人（宇賀神）のお告げに従い、佐助ヶ谷の岩壁に湧く霊水を見つけ、そこに岩洞を掘らせ、宇賀神を祀り、霊水で神仏の供養を続けると、戦乱で荒れた国が、富み栄えるようになったと伝わっています。正嘉元年（1257）に北条時頼が、一族の繁栄を祈念してこの霊水で銭を洗ったことから、いつしか銭洗井水の信仰が広まったとされています。

ココだけの御朱印帳！

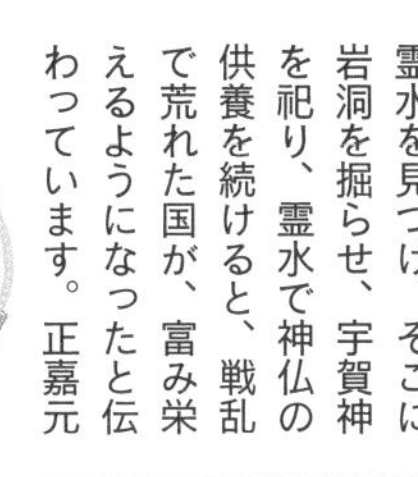

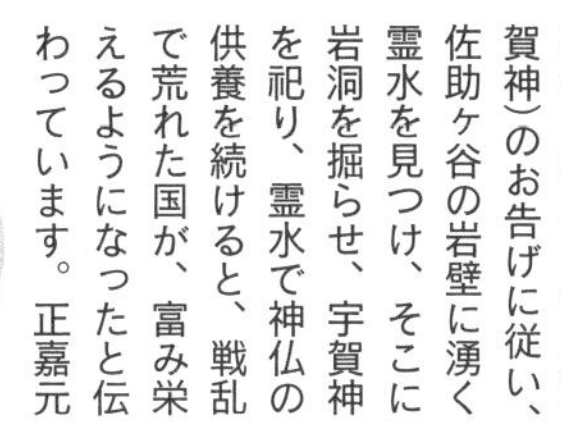

☞紺地に三つ鱗の社紋が金文字で刺繍されている。旅先安全御札付きで、1200円

右の字……奉拝 古都 かまくら
中央の字…銭洗弁財天
右の印……鎌倉五名水
中央の印…社紋（波に三つ鱗）
左の印……銭洗弁財天宇賀福神社

入口

☞坂道を上ると見えてくる。鳥居からトンネルをくぐると境内

社務所

☞線香とロウソクのセット100円はここで入手

線香とろうそくを持って…

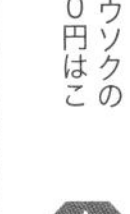

奥宮

☞霊水が湧く岩窟内に鎮座し、宇賀神を祀っています

奥宮

☞霊水で清めたお金は、世のため人のために使うとご利益があるといわれています

本社

☞市杵島姫命を祀る。右手脇にロウソク台、向かいに線香台があります

社紋が入った開運招福の絵馬300円

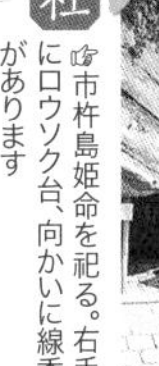

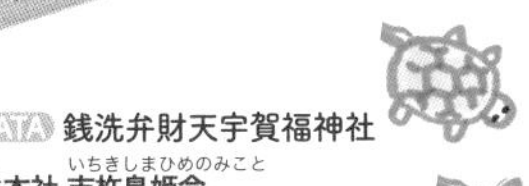

ご利益おもちかえり

巾着財布 300円

☞霊水で清めたお金をこの巾着に入れ、お守りとして携行しましょう

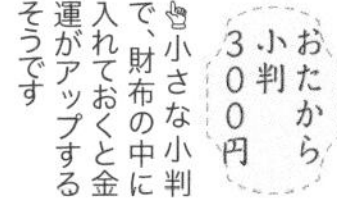

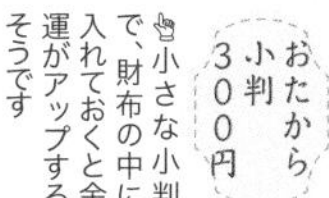

幸運の銭亀 1000円

☞桐箱に入った本亀甲で作った銭亀は、金庫や通帳と一緒に置くとよいとか

おたから小判 300円

☞小さな小判で、財布の中に入れておくと金運がアップするそうです

DATA 銭洗弁財天宇賀福神社

本社 市杵島姫命（いちきしまひめのみこと）

奥宮 弁財天（べんざいてん）

文治元年（1185）

住 鎌倉市佐助2-25-16

交 JR横須賀線、江ノ島電鉄線 鎌倉駅西口から徒歩20分

料 無料

+α メモ／ ご祭神の宇賀神は、人頭蛇身の姿とされ、源頼朝がご神徳をいただいた文治元年（1185）は巳の年で、巳の月、巳の日であったことから、巳の日には熱心な崇敬者の参詣が多く訪れるそうです。

鎌倉市

出世、開運を祈って！

佐助稲荷神社

●さすけいなりじんじゃ

赤い鳥居と、境内のたくさんの狐が幻想的な雰囲気を醸し出す鎌倉の出世開運スポット。

源 頼朝が挙兵の際に、「かくれ里の稲荷」と名乗る翁に身を変じた神霊が夢枕に立ち、平家討伐をすすめました。そして頼朝は治承4年（1180）8月に平家打倒の挙兵に踏み切ります。建久年間（1190〜1199年）、畠山重忠に命じて「かくれ里の祠」を探し当て稲荷神社を再建。頼朝が旗揚げの後征夷大将軍までのぼりつめたことから、「出世稲荷」とよばれ信仰を集めています。

鎌倉の隠れ里に開運の神様が鎮座

奉拝 かまくら かくれ里 佐助稲荷神社 令和元年九月二十七日

☞四季を通じて参拝者が訪れる商売繁昌、家内安全、交通安全の鎌倉のお稲荷さん

右の字……奉拝 かまくら かくれ里
中央の字……佐助稲荷神社
中央の印…火炎宝珠 佐助稲荷神社之印
左の印……鎌倉佐助稲荷神社印

☞燃え盛る火炎宝珠に負けないくらい力強い筆体で、平仮名も流麗に踊ります

☞霊狐泉の脇には、社務所で授与された白狐がずらりと並ぶ

ココにも注目！

神狐1対（小1500円）は、稲荷大神の使いで、これを奉納して諸願成就を祈願することができます

ココだけの御朱印帳！

☞赤い鳥居と白狐で人気の御朱印帳1400円。のぼりの佐助稲荷神社の文字が逆さになっているのもポイント

☞鳥居の前に鎮座する狐様が口にくわえている玉は霊徳の象徴とされる

☞拝殿へ続く参道には、赤い鳥居とのぼりが続き、赤いトンネルのよう

ご利益 おもち かえり

佐助守 600円

☞開運出世から、金運や縁結び、厄除けまで万能のお守り

白狐守り 700円

☞たくさんの福をもたらすように祈願されたパワフルなお守り

小型守 各300円

☞学業合格守や縁結守、健康守、長寿守などがあります

DATA 佐助稲荷神社

宇迦御魂命（うかのみたまのみこと）・大己貴命（おおなむちのみこと）・佐田彦命（さるたひこのみこと）・大宮女命（おおみやひめのみこと）・事代主命（ことしろぬしのみこと）

建久年間（1190〜1199年） 流造（ながれづくり）

住 鎌倉市佐助2-22-12

交 JR横須賀線、江ノ島電鉄線鎌倉駅西口から徒歩20分

料 無料

+α メモ／ 社務所にて、書置きの御朱印をいただくことができます。御朱印帳に書いてもらいたい場合は、朱印のみ押してもらい、長谷にある御霊神社で墨書きをしていただけます。初穂料はいずれの場合も300円。

藤沢市

アイスラッガー守りが話題に

鵠沼伏見稲荷神社

●くげぬまふしみいなりじんじゃ

関東一円より、四季を通じて参拝者が訪れる商売繁昌、家内安全、交通安全の湘南のお稲荷さん。

昭和18年（1943）、京都の伏見稲荷大社より分霊を勧請して創建。5柱の稲荷大神を祀り、湘南のお稲荷さんとして親しまれています。大鳥居をくぐり、太鼓橋を渡ると、参道の途中には御神水が湧き、本殿横に連なる鳥居の先には奥宮が鎮座。特撮ドラマ『ウルトラセブン』にちなんだアイスラッガー守りは、宇宙レベルのご利益と話題になっています。

☞湘南の鎮守と仰がれています。本殿は1994年に御鎮座50年記念事業として新たに建築されました

☞本殿新築の際に掘り当てたミネラル豊富な水は、御神水の「鵠沼和貴水」として飲用されています

奉拝
鵠沼伏見稲荷神社
令和元年九月二十六日
湘南のお稲荷さん

稲が生り
稲が成る
豊葦原の
瑞穂国

右の字……奉拝
中央の字……鵠沼伏見稲荷神社
右の印……湘南のお稲荷さん
中央の印……鵠沼伏見稲荷神社印

☞湘南のお稲荷さんの文字とスタンプがかわいいと評判

商売繁昌、家内安全に感謝を込めて

☞鵠沼新道沿いにあり、赤く大きな鳥居が目を引きます

☞宇迦之御魂大神、佐田彦大神、大宮能売大神を祀る奥宮

☞千本鳥居さながらの朱色の鳥居のトンネル

コレだけの御朱印帳！

富士山のデザイン

☞鵠沼の「鵠」とは白鳥の古名で、富士山と地名由来の白鳥をデザインした御朱印帳1500円

ご利益おもちかえり

アイスラッガー守り1500円

☞ご利益万能で、モロボシダンのサイン入り、もちろん円谷プロ公認

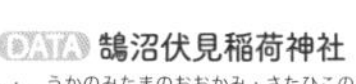

DATA 鵠沼伏見稲荷神社

宇迦之御魂大神（うかのみたまのおおかみ）・佐田彦大神（さたひこのおおかみ）・大宮能売大神（おおみやのめのおおかみ）・田中大神（たなかのおおかみ）・四大神（しのおおかみ）

昭和18年(1943) 八幡造（はちまんづくり）

住 藤沢市鵠沼海岸5-11-17

交 小田急江ノ島線鵠沼海岸駅から徒歩10分

料 無料

+α メモ 境内にある御神水の「鵠沼和貴水」は、給水時間が10～22時で自由に飲めます。また毎年4月には、鵠沼和貴水感謝祭として、御神水を使った「献茶の儀」を執り行い、抹茶や煎茶の接待、琴の演奏などが催されます。

学業・仕事運を上げる寺社

男女問わず人気のある知性を司る神様がいる神社。試験や大事な仕事前、転職など人生の節目には、心を込めておまいりをして、運気をアップし乗り切りましょう！

ひと足はやい春の訪れを告げる紅白の梅
☞1月には境内に紅梅と白梅が咲き誇り、社殿の鮮やかな朱色と、紅白梅の共演は心洗われる美しさです

☞「撫でれば患部の苦痛が除かれる」という石の牛像 ☞衣・食・住の神様である白笹稲荷大神を祀っています

教養を象徴する梅に学業成就を祈念して

中央の字……岡村天満宮
右の印……参拝祈念
中央の印……岡村天満宮印
左の印……神紋

☞菅原道真公が愛した神紋の梅がアクセントになった御朱印

横浜市 岡村天満宮

●おかむらてんまんぐう

ゆずの聖地で学業成就を祈願！

岡村は人気デュオ「ゆず」の出身地。歌の中にも岡村天満宮は登場し、ゆずファンの聖地としても知られています。

源頼朝の家臣が、鎌倉時代に京都の北野天満宮の分霊をいただき、この地に社を創建したのがはじまりといわれています。主祭神の道真公は文武両道の人物であったことから、文化・芸能の神様としても知られ、受験生が合格祈願に多く訪れるそうです。境内に鎮座する「天神様の撫で牛」は、牛を撫でた手で自分の体の気になるところや悪い部分をさわると平癒すると伝わっています。

ココだけの御朱印帳！

☞梅と鶯、牛をあしらったやさしい色合いの御朱印帳 1500円

ご利益おもちかえり

ゆずの幸せ守り 700円
☞ゆずの香りで心が和み、幸せと健康が授かりますように

学業成就御守 800円
☞神紋の梅が散りばめられたお守り。水色とピンクの2色

DATA 岡村天満宮

天照大御神（あまてらすおおみかみ）・菅原道真公（すがわらみちざねこう）・市杵島姫ノ命（いちきしまひめのみこと）

不明　流造（ながれづくり）

住 横浜市磯子区岡村2-13-11

交 JR京浜東北線・根岸線磯子駅から市営9・78系統で15分、天神前下車、徒歩5分または市営地下鉄弘明寺駅から市営バス9系統で10分、天神前下車、徒歩5分

料 無料

+α メモ／ 境内には人気デュオ・ゆずの路上ライブを描いた「ゆずの壁画」があります。伊勢佐木町の松坂屋屋上に飾られていましたが、閉店にともない、2008年に岡村天満宮へ移築されました。ゆずの聖地としてファンが足繁く訪れるそうです。

横須賀市

久里浜天神社

くりはまてんじんしゃ

三浦半島唯一の学業の神様に合格祈願！

久里浜の天神さんとよばれ親しまれている神社。三浦半島に鎮座する88神社のうち、唯一学芸の神、菅原道真公を主祭神としてお祀り、学業成就のご利益を授かりに多くの受験生が参拝に訪れています。また「願掛け撫で牛」や「安産子宝いぬ」も有名です。

☞社殿の造営は安永8年（1779）と明治26年（1893）と記録。本殿・拝殿は、2001年に新たに造営されました

健やかな成長を願う牛乗り天神様

☞牛乗り天神様の印が目を引く御朱印。古来から牛は天神様を守護する神使として篤く信仰されています

右の字…奉拝
中央の字…久里浜天神社
右の印…久里浜天神
中央の印…久里浜天神社
左の印…牛乗り天神

ココにも注目！
道真公と牛は縁が深く、天神社や天満宮で牛の像をよく見ますが、こちらの神社はちょっと珍しい「牛乗り天神様」です

ご利益おもちかえり

合格御守
1000円
☞受験生に人気の牛乗り天神様が描かれたお守り

技芸上達御守
600円
☞学芸の神天神様のご神徳をいただきます

DATA 久里浜天神社
菅原道真公（すがわらのみちざねこう）・天照皇大神（あまてらすおおみかみ）・素盞嗚命（すさのおのみこと）
万治3年（1660）　権現造（ごんげんづくり）
住 横須賀市久里浜5-19-1
交 京急久里浜線京急久里浜駅東口から徒歩5分
料 無料

+α メモ　この地は古くは入海で葦原でした。久里浜中央部を流れる内川（現在の平作川）流域一帯に新田開発をするために、大阪市の天満宮よりご分霊を勧請し、万治3年（1660）に創建したのが久里浜天神社のはじまりです。

小田原市

報徳二宮神社

ほうとくにのみやじんじゃ

「金次郎像」でおなじみの財政再建の神様

薪を背負って本を読む姿でおなじみの学問と経営の神様二宮金次郎（尊徳）を祀る神社です。寝る間も惜しみ、一所懸命勉強し努力した姿から勉学の神様として慕われています。努力の成果が十分に発揮できるようにお願いしましょう。

☞明治27年（1894）に尊徳翁の生誕の地である小田原に創建されました

☞もし悪いおみくじが出たら、この箱へ。後日お祓いをしてくれるとのこと

わずかな時間も惜しみ勉学に励む努力を

右の字…小田原城鎮座／中央の字…報徳二宮神社
中央の印…上・報徳　下・相模国報徳二宮神社

ココにも注目！
二宮尊徳翁の像。「道徳を忘れた経済は罪悪であり、経済を忘れた道徳は寝言である」という教えがあります

ご利益おもちかえり

仕事守
800円
☞仕事を円滑に進めてくれるお守り。携帯電話やPCに貼り付けできます

学業成就・身体健全きんじろう守
800円
☞健康に学業に励めるように願いを込めて、子どもにもおすすめのお守りです

DATA 報徳二宮神社
二宮尊徳翁（にのみやそんとくおう）
明治27年（1894）
神明造（しんめいづくり）
住 小田原市城内8-10（小田原城址公園内）
交 JR東海道線ほか小田原駅東口から徒歩15分
料 無料

+α メモ　報徳二宮神社に置かれている薪を背負った二宮金次郎像は、同じ物が最初1000体つくられて全国に広がったが、戦時の供出でなくなってしまい、ここにある像だけが残ったといわれています。

厄除けで名高い寺社

日本では古くから、前厄・本厄・後厄の、特に慎みをもって過ごす厄年の3年間に、厄払いや厄除けを行う風習があります。厄を払い、安泰に過ごしていくためにご祈祷を受けましょう。

護摩祈祷でお大師さまに厄除け祈願

☞大本堂にご本尊である「厄除弘法大師」が祀られています

川崎市

関東屈指の厄除け大師

川崎大師 平間寺

●かわさきだいし へいけんじ

参拝者でにぎわう仲見世通りを抜けると現れる大山門。一礼して門をくぐると、清浄な空気に身が包まれます。

☞俗世と浄域の境界線となる大山門。立派な四天王が門の東西南北を守っています

平安時代に、武士・平間兼乗が、海から弘法大師の木像を引き揚げ、尊賢上人と寺を建立したのがはじまり。ご本尊の宝前で護摩木を焚き、災厄を除き、諸願成就を祈願する秘法「護摩祈祷」を行っています。また境内には、経蔵や福徳稲荷堂、しょうづかの姿など、パワースポットとして知られる場所が多数あります。

弘法大師を祀る大本堂の御朱印

右の字…奉拝 川崎大師／中央の字…厄除遍照殿／左の字…大本山平間密寺
右の印…遍照殿／中央の印…火焔にユ(梵字)弘法大師／左の印…大本山川崎大師平間寺印

本尊が左手に持つ薬壺の印

右の字…奉拝 川崎大師 薬師殿／中央の字…薬師如来／左の字…大本山平間密寺
右の印…なで薬師／中央の印…薬壺にバイ(梵字)薬師如来／左の印…大本山川崎大師薬師殿

風鈴市限定印。色は年によって変わります

煩悩を断ち切る剣の印が特徴的

右の字…奉拝 川崎大師不動堂／中央の字…大聖不動明王／左の字…大本山平間密寺
右の印…武相不動霊場第一番／中央の印…不動明王の剣にカンマン(梵字)不動明王／左の印…大本山川崎大師不動堂

ココだけの御朱印帳!

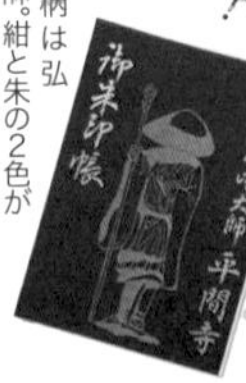

☞絵柄は弘法大師。紺と朱の2色があります。1300円

☞薬師殿に祀られている「なで薬師」。なでることで病気平癒や身体健全を祈念します

ご利益おもちかえり

なで御守 1000円

☞体の痛いところや悪いところなど、気になる場所をなでて、健康を願います

しょうづかべっぴん守 500円

☞境内に祀られている「しょうづかの姿」のご利益にあやかって心身の美を祈願

DATA 川崎大師 平間寺

真言宗智山派(しんごんしゅうちさんは) 金剛山(こんごうさん)
厄除弘法大師(やくよけこうぼうだいし)
大治3年(1128) 入母屋造(いりもやづくり)
住 川崎市川崎区大師町4-48
交 京急大師線川崎大師駅から徒歩8分
料 無料

+α メモ 護摩祈祷は毎日行われ、お護摩受付所へ祈祷時間までに申し込みます。御朱印は大本堂、不動堂、薬師殿、自動車交通安全祈祷殿の各お堂で、それぞれの御朱印をいただいてください(受付時間:9～16時)。

鎌倉最古の厄除神として名高い

八雲神社

●やぐもじんじゃ

古来日本最上厄除神として名高い西の京都祇園社に対し、東の祇園社として信仰されてきた「鎌倉の厄除さん」

創建は平安時代の永保年間(1081〜1083)で、源新羅三郎義光公が厄除神と聞こえが高い京都の祇園社を勧請、悪疫の流行で苦しむ人々を救ったと伝わっています。鎌倉祇園社または祇園天王社として信仰され、明治になり八雲神社と改称。室町時代の応永29年(1422)、上杉氏の討手により自害した佐竹一族を祀る霊舎を後年合祀、佐竹天王社ともよばれました。

☝元禄7年(1694)建立の社殿は、安政2年(1855)に新築されたが、関東大震災により倒潰し、昭和4年(1929)に再建されました ☝境内には、クスやケヤキ、イヌマキなどの市指定の保存樹木が立ちます

☝末社の諏訪社、稲荷社、於岩稲荷社のほか、御嶽三峰社があります ☝中央のクスノキのたもとには、新羅三郎手玉石とよばれる力石が ☝石鳥居をくぐると左側には、市指定民俗資料の庚申塔があります

奉拝
相州鎌倉大町鎮座
八雲神社
令和元年九月十一日

鎌倉の厄除神 ここは東の祇園社

右の字……奉拝
中央の字…八雲神社
右の印……新羅三郎義光勧請 相州鎌倉大町鎮座
中央の印…鎌倉八雲神社
左の印……八雲神社社務所之印

☝御朱印をいただいたら、古くより崇敬者に授与されてきた古式祈願御幣「厄除御幣」も併せて祀りたい

ご利益 おもちかえり

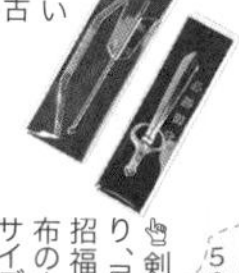

必勝御守・厄除招福 500円

☝剣の必勝守り、弓矢の厄除招福守りは、財布の中にも入るサイズ

無病息災5色瓢箪御守 500円

☝緑は肝臓、赤は心臓、黄は脾臓、白は肺、青は腎臓を守ってくれるお守り

ぼけ封じ込め成す御守 500円

☝茄子の中に「ボケ」の実を封じ込めて、日々の健康と豊かな人生を導きます

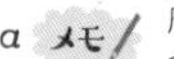
八雲神社

☀須佐ノ男命(すさのおのみこと)・稲田姫命(いなだひめのみこと)・八王子命(はちおうじのみこと)・佐竹氏の御霊(さたけしのみたま)
永保年間(1081〜1083) 流権現造(ながれごんげんづくり)
住 鎌倉市大町1-11-22
交 JR横須賀線、江ノ島電鉄線鎌倉駅東口から徒歩10分
料 無料

+α メモ 周辺には安養院や上行寺、妙本寺などもあり、鎌倉駅から徒歩でもまわれます。また社殿脇の細い道を行くと、祇園山ハイキングコースの登山口があり、急坂を登った山頂の見晴台からは相模湾が見渡せます。

横浜市

横浜開拓の守護神に勝利祈願！

お三の宮日枝神社

●おさんのみやひえじんじゃ

主 祭神は大地を支配し、万物の成長発展を守護するパワフルな神様です。社名の「おさん」から安産の神としても知られています。11年の歳月をかけて入海を開墾したこの地（吉田新田）に、鎮守として東京の旧官幣大社日枝神社より勧請し創建されました。

神猿の印に守られ成長発展を祈願

☞中央の字…お三の宮 日枝神社
中央の印…日枝神社
☞山王宮から転訛した「お三の宮」の文字が記されています

ココだけの御朱印帳！

☞表には横浜随一の大きな神輿「千貫みこし」が描かれ、裏には神猿を配しています。1500円

☞大きな破風が特徴的な社殿は戦後に再建されたもの。お隣には稲荷神社を改築した神楽殿があります

ココにも注目！
創建当時の手水鉢。大震災や戦火をくぐりぬけた歴史を物語っています

神猿ここだけのお守り

神猿御守 1500円
☞「魔が去る」「何事にも優る／勝る」特別なお守りです

ご利益おもちかえり

咳止め御守 500円
☞末社堰神社には咳や気管支の病を癒やす信仰があります

DATA お三の宮日枝神社
☀ 大山咋命（おおやまくひのみこと）
寛文13年（1673） 権現造（ごんげんづくり）
住 横浜市南区山王町5-32
交 京急本線南太田駅から徒歩5分または横浜市営地下鉄ブルーライン吉野町駅から徒歩3分
料 無料

+α メモ／ 境内には日露戦争後に寄進されたと伝わる、全国的にも珍しい狛犬がいます。砲弾を抱えているのが特徴で、明治40年（1907）に建立され、昭和11年（1936）に改築再建されました。

南足柄市

天狗伝説が残る関東の霊場

最乗寺

●さいじょうじ

応 永元年（1394）、了庵慧明禅師が開山。全国に4000余りの門流をもつ曹洞宗の古刹。道了という僧が土木建築により創建に大きく貢献。寺が完成すると天狗になり山中に身を隠したと伝えられ、境内には天狗像などが奉納されています。

☞御真殿から364段の石段を上り、奥の院へ

ココにも注目！
総ケヤキ造りの御真殿。守護道了大薩埵を祀り、大きな天狗像を奉祀しています

天狗になった道了尊の神通力にあやかる

右の字…奉拝／中央の字…道了尊／左の字…大雄山
右の印…関東霊域／中央の印…威徳神通／左の印…大雄山印
☞御朱印は、道了尊、清瀧不動の2種類。天狗の葉団扇の印が印象的

ココだけの御朱印帳！

☞男性にも人気のある天狗ををデザインした御朱印帳 1500円

ご利益おもちかえり

マスキングテープ 300円
☞道了尊にちなんで天狗の葉団扇や下駄などがデザインされています

みがわり御守 500円
☞天狗の葉団扇をデザイン。病気やけがなど身代わりになってくれるお守り

DATA 最乗寺
曹洞宗 大雄山（だいゆうざん）
釈迦牟尼仏（しゃかむにぶつ）
応永元年（1394） 入母屋造（いりもやづくり）
住 南足柄市大雄町1157
交 伊豆箱根鉄道大雄山駅から伊豆箱根バス道了尊行きで10分、道了尊下車、徒歩10分
料 無料

+α メモ／ 広大な境内には、老杉の大木が林立し、重さが3.8tもある世界一の下駄が奉納され、天狗像や坐禅石、金剛水堂、奥の院など、パワースポットの宝庫。

第5章

運気アップ！

ぐるっと御朱印めぐり旅

御朱印集めは旅のテーマにもぴったり。人気観光地で寺社をめぐり、グルメや温泉も組合せれば、より思い出深い旅行になるでしょう。

鎌倉市

四季折々の変化が美しい 季節の絶景を楽しみながら 御朱印と寺院めぐり

武家文化の街として発展した古都・鎌倉は、現在も多くの寺院が残ります。厳かな雰囲気の境内には花や葉が季節ごとに色づき、華やかさを演出します。美しい景色と出合いに、出かけてみませんか。

春 鎌倉の寺社は花が多く咲いています。ミツマタにハクモクレン、梅が相次いで咲き、桜の頃は鎌倉の街も桜色一色に。天然記念物のカイドウも咲いて、4月中旬からはツツジや藤など華やかな春の花が迎えてくれます。

1 10:30 光明寺

●こうみょうじ

鎌倉時代に建立された浄土宗の大本山。材木座海岸を目の前に、海の風を感じることができる伸びやかな寺。鎌倉一の大きさを誇る山門や大殿のほか、池泉庭園「記主庭園」や枯山水「三尊五祖の石庭」など見ごたえがあります。春には桜の名所として多くの人でにぎわい、夏には蓮が見事。本堂裏手の山の展望台からは、壮大な伽藍越しに材木座海岸から由比ヶ浜まで見渡せます。

大殿から山門にかけて咲くソメイヨシノが見事

ココだけの御朱印帳！

記主庭園に咲く蓮の花をデザイン1500円

ご利益おもちかえり

自転車守 500円

かわいいデザインで、走行安全を祈願しましょう

学業御守 500円

学僧、記主禅師のもと、学業成就を祈願

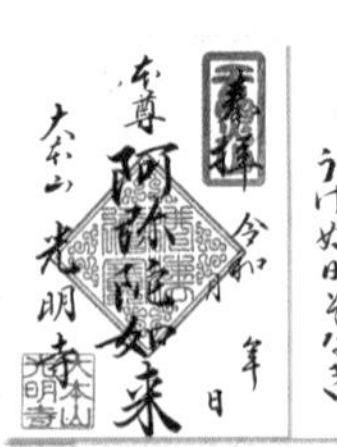

右の字…出ずる日も入る日もともに／中央の字…南無阿弥陀／左の字…佛の光うけぬ日ぞなき／右の印…開山良忠上人お歌／中央の印…五七桐

右の字…奉拝／中央の字…本尊阿弥陀如来／左の字…大本山光明寺／右の印…天照山／中央の印…仏法僧宝（三宝印）／左の印…大本山光明寺

DATA 光明寺

浄土宗　天照山（てんしょうざん）

阿弥陀如来（あみだにょらい）

寛元元年（1243）　入母屋造（いりもやづくり）

住 鎌倉市材木座6-17-19

交 JR横須賀線、江ノ島電鉄線鎌倉駅から京急バス鎌40系統逗子駅行きで10分、光明寺下車、徒歩すぐ

料 志納

2 12:00 本覚寺

●ほんがくじ

源頼朝が鎌倉幕府の裏鬼門の鎮守として夷堂を建立した地。夷堂には日蓮上人が佐渡配流を許されて鎌倉に戻り住んだと伝わっています。その後、2代目住職の日朝が「眼を治す仏」といわれ、寺は「日朝さま」の愛称で親しまれています。日蓮上人の御分骨堂の前にはしだれ桜があり、ソメイヨシノ、八重桜など桜の名所でもあります。

源頼朝が鎌倉幕府開幕の際、幕府の裏鬼門にあたる方向の鎮守として立てた夷堂

裏鬼門除け夷神を祀っています

+α メモ／ 光明寺の御朱印は5種類あり、本尊と開山良忠上人のお歌の見開き御朱印は700円。本尊、如意輪観世音、延命地蔵尊、開山記主禅師は各300円。時間があれば、境内から徒歩5分の裏山にある展望台へ行くのもおすすめです。

鎌倉駅 バス10分 ❶光明寺 バス10分 下馬四ツ角バス停 徒歩5分 ❷本覚寺 徒歩3分 鎌倉駅 電車3分 北鎌倉駅 徒歩1分 ❸円覚寺 徒歩1分 北鎌倉駅

北鎌倉駅
❸円覚寺
鎌倉市
鶴岡八幡宮
鎌倉国宝館
滑川
鎌倉駅
鎌倉市役所
●鎌倉彫資料館
江ノ島駅へ
鎌倉文学館
下馬四ツ角
❷本覚寺
江ノ島電鉄
横須賀線
鎌倉署
和田塚駅
由比ヶ浜駅
長谷駅
材木座海岸
❶光明寺
逗子駅へ
逗子市

3 13:30 円覚寺

●えんかくじ

弘安5年（1282）、北条時宗が元寇による両国の戦没者追悼のために中国僧の無学祖元を招いて創建。奥深い谷戸地形の高低差を生かした境内は、夏目漱石の『門』の舞台となった三門、お釈迦様の歯を祀る国宝の舎利殿、坐禅場である選仏場など禅古刹らしい閑寂な空気が漂います。

ソメイヨシノをはじめ、桜の名所でもありますが、紅梅や白梅など、梅も美しく咲き誇ります　秋には、山門周辺の紅葉を楽しめます

樹齢700年以上のビャクシン

総門から山門へ続く階段

ご利益おもちかえり

かなうラリー 700円

江島神社とのコラボで、絵馬のほか、弁財天のお守り付き

開運白鹿守 500円

縁起のいい白鹿のエピソードが残る円覚寺のオリジナルお守り

右の字…奉拝／中央の字…宝冠釈迦如来／左の字…大本山 円覚寺／右の印…瑞鹿山／中央の印…仏法僧宝（三宝印）／左の印…円覚禅寺

DATA 円覚寺

臨済宗　瑞鹿山（ずいろくさん）
宝冠釈迦如来（ほうかんしゃかにょらい）
弘安5年（1282）
入母屋造（いりもやづくり）
住 鎌倉市山ノ内409
交 JR横須賀線北鎌倉駅東口から徒歩1分
料 300円

鮮やかに東身延の鎌倉桜　しだれ桜、ソメイヨシノ、八重桜の順で開花します

右の字……眼病救護小町
中央の字…日朝大上人
左の字……本覚寺
中央の印…日朝上人霊地東身延本覚寺

ご利益おもちかえり

にぎり福 500円

握って、ご利益。愛、健、財、学、福の5つがあります

眼病御守 500円

目の治療のご利益で知られています。小サイズ300円も

表情もさまざまでかわいい!

DATA 本覚寺

日蓮宗　妙厳山（みょうごんさん）
釈迦三尊（しゃかさんぞん）
永享8年（1436）　入母屋造（いりもやづくり）
住 鎌倉市小町1-12-12
交 JR横須賀線、江ノ島電鉄線鎌倉駅東口から徒歩3分
料 無料

+α メモ　円覚寺でいただける御朱印は、「宝冠釈迦如来」で、弁財天では「洪鐘大弁財天」。鎌倉二十四地蔵尊や鎌倉三十三観音などの御朱印は、仏日庵（拝観料別）となります。

鎌倉病院
藤沢へ
鎌倉文学館
甘縄神明神社
光則寺 2
鎌倉市
鎌倉長谷局
鎌倉駅へ
長谷寺 1
長谷駅
由比ヶ浜駅
熊野神宮
稲村ケ崎小
江ノ島電鉄
3 御霊神社
御嶽大神
江ノ島駅へ
極楽寺駅
成就院
由比ヶ浜
0 200m

夏といえばアジサイ。鎌倉を代表する花も街も多種多彩なアジサイが咲き乱れます。みどころは明月院を中心とした北鎌倉エリアと、長谷寺のある長谷エリアです。アジサイを見ながら、御朱印をいただきに行きましょう。

1 10:30 長谷寺

●はせでら

観音山の傾斜地を利用した境内は、四季を通じて花の絶えることがないことから「鎌倉の西方極楽浄土」とよばれます。なかでも、眺望散策路に咲き乱れる40種類以上、約2500株もの色とりどりのアジサイが有名。寺は天平8年（736）の創建と伝わり、本尊の十一面観音は高さ9.18mで木造の仏像では日本最大級。観音堂が立っている上境内には見晴台もあります。

アジサイの名所として知られ、アジサイのシーズンには平日でもかなり混み合います

由比ヶ浜や鎌倉市内を一望

見るだけで癒やされる和み地蔵

ご利益おもちかえり

花綱守 700円

アジサイと和み地蔵で、恋愛成就、縁結び、家内安全祈願

和み守 600円

やすらぎと幸せをまねく和み地蔵のお守りは、ピンクとブルー

ココだけの御朱印帳！

アジサイのデザイン、御朱印込みで1800円

坂東四番 海光山 令和元年九月十日 十一面大悲殿 長谷 長谷寺

右の字……海光山
中央の字…十一面大悲殿
左の字……長谷寺
右の印……坂東四番
中央の印…鎌倉 観音堂 長谷
左の印……長谷寺印

DATA 長谷寺

浄土宗系 海光山（かいこうざん）
十一面観世音菩薩（じゅういちめんかんぜおんぼさつ）
天平8年(736) 入母屋造（いりもやづくり）
住 鎌倉市長谷3-11-2
交 江ノ島電鉄線長谷駅から徒歩5分
料 400円

2 11:30 光則寺

●こうそくじ

鎌倉市天然記念物のカイドウの古木で知られる花の寺。境内に所狭しと四季折々の野草茶花が植えられ、5月中旬から見頃の200種類以上の鉢植えのヤマアジサイは必見。開基は北条時頼の家臣・宿屋光則。日蓮聖人が佐渡配流の際、弟子の日朗の監視役だった光則がのちに日蓮宗に帰依し自邸を寺としました。

「師孝第一」と掲げられている本堂

+α メモ／ 長谷寺でいただける御朱印は、本尊「十一面観音」と鎌倉江ノ島七福神の「大黒天」の2種類。境内に入るとすぐ左手に朱印所があるので、先に御朱印帳を預け、帰りに受け取るシステムになっています。

長谷駅 ←徒歩5分 ❶長谷寺 ←徒歩6分 ❷光則寺 ←徒歩7分 ❸御霊神社 ←徒歩5分 長谷駅

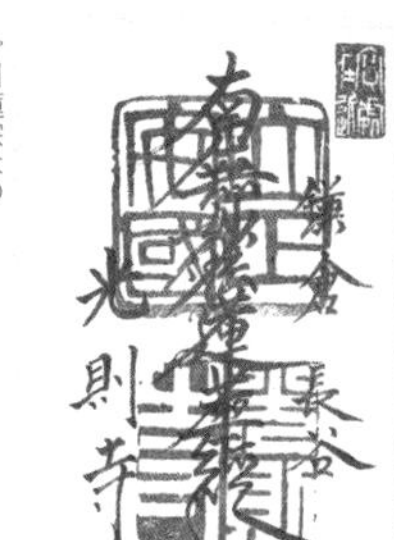

☝日蓮宗なので御首題。「宝樹多華果衆生所遊楽」の御首題もいただけます

右の字……鎌倉 長谷
中央の字…南無妙法蓮華経
左の字……光則寺
右の印……宝処在近
中央の印……上：立正安国 下：光則寺

☝樹齢200年以上といわれるカイドウで有名。ヤマアジサイも種類が豊富です

3 12:30 御霊神社

●ごりょうじんじゃ

平安時代後期の創建と伝えられ、後三年の役で目に矢を討たれながらも活躍した武将・鎌倉景正公を祀ります。境内前には江ノ電の踏切があり、アジサイに彩られた線路を走る江ノ電との撮影が人気です。

☝鎌倉随一のアジサイの名所として知られています

右の字……奉拝 かまくら
中央の字…御霊神社
右の印……相模国鎌倉鎮座 鎌倉権五郎景正
中央の印…御霊神社
左の印……御霊神社 参拝記念 鎌倉

☝日郎上人が監禁された土牢

ご利益おもちかえり

交通安全御守 300円

☝権五郎公の並矢(紋)をデザインし、権五郎神社になっています

袋にも猫の姿が

355御守 500円

☝江ノ電のレトロな人気車輌355をデザインしたお守り

ココだけの御朱印帳!

☝江ノ電と猫をデザイン 1400円

☝御朱印帳の裏表紙にも登場している猫は、名誉宮司のウッシー

☝目の前を江ノ電が走っています

立派な門構え

DATA 御霊神社
鎌倉景正公(かまくらかげまさこう)
平安時代後期
入母屋造(いりもやづくり)
住 鎌倉市坂ノ下4-9
交 江ノ島電鉄線長谷駅から徒歩5分
料 無料(収蔵庫は100円)

DATA 光則寺
日蓮宗 行時山(ぎょうじざん)
一塔両尊像(いっとうりょうそんぞう)
文永11年(1274)頃 寄棟造(よせむねづくり)
住 鎌倉市長谷3-9-7
交 江ノ島電鉄線長谷駅から徒歩7分
料 100円(開門は8～17時)

+α メモ 〈御霊神社〉オリジナルの御朱印帳には、季節限定の別売りカバーをかけるとアジサイが花咲く、おしゃれな趣向です。

秋鎌倉の紅葉シーズンは11月下旬から12月上旬にかけて比較的遅めなのが特徴。美しく色づく各寺院の境内を中心にハイキングコースや切通しなど、フォトジェニックな紅葉スポットをめぐってみましょう。

覚園寺 2
北鎌倉へ
瑞泉寺 3
大船駅へ
鶴岡八幡宮
鎌倉国宝館
寿福寺
横須賀線
朝比奈ICへ
滑川
小町通り
鎌倉駅
鎌倉彫資料館
鎌倉市
N
0 500m
1 妙本寺
逗子駅へ
衣張山

1 10:30 妙本寺
●みょうほんじ

鎌倉2代将軍源頼家の後継者争いで北条時政に滅ぼされた比企一族の屋敷跡。生き残った末子・比企能本が日蓮聖人に救いと一族の弔いのために屋敷を献上し、文応元年（1260）に創建しました。二天門前や祖師堂のカエデや天然記念物のイチョウなど、紅葉の名所としても知られています。

祖師堂や梵鐘周辺の紅葉、二天門前のカエデやイチョウなど見どころが豊富

中央の字……如日月光明
左の字……比企谷 妙本寺
右の印……笹竜胆
中央の印…仏法僧宝(三宝印)
左の印……相州 比企谷 鎌倉

大学守 500円
ササリンドウが刺繍され、開基、比企大学三郎能本にあやかったお守り

病気平癒守 500円
「叶」という文字が刺繍されたカラフルなお守り

宝冠釈迦如来坐像などを祀る本堂

DATA 妙本寺
日蓮宗　長興山（ちょうこうざん）
三宝尊（さんぼうそん）
不明　文応元年（1260）
住 鎌倉市大町1-15-1
交 JR横須賀線、江ノ島電鉄 鎌倉駅東口から徒歩10分
料 無料

2 12:00 覚園寺
●かくおんじ

建保6年（1218）2代執権・北条義時が戌神将のお告げにより立てた薬師堂が前身。その後9代執権・北条貞時が元寇が再び起こらぬことを願い永仁4年（1296）に寺院としました。

足利尊氏が再建した茅葺きの本堂薬師堂の拝観はツアー形式で、鎌倉を代表する名仏の本尊薬師如来像や十二神将などを案内人のガイド付きで堪能できます。境内は紅葉スポットとしても有名です。

守護札 3000円
干支ごとに変わる薬師如来、十二神将のお札

「道」お守り（木札付き）1000円
「道」の行く先に「幸」がありますように

樹齢約800年、鎌倉最大級のイヌマキ

+α メモ／〈妙本寺〉その時どきで、法華経から引用して書いてくれるので、そのつど、揮毫してくれる文言が異なります。
〈覚園寺〉醍醐院勅願所の「薬師如来」や相模二十一大師霊場第三番札所の「南無大師」の御朱印もいただけます。

鎌倉駅 ←自転車5分 ❶ 妙本寺 ←自転車20分 ❷ 覚園寺 ←自転車15分 ❸ 瑞泉寺 ←自転車25分 鎌倉駅

3 13:30 瑞泉寺

●ずいせんじ

山号の錦屛山は寺を囲む山々が紅葉が織りなす錦の屛風のように美しいことから名付けられました。

一帯も「紅葉ヶ谷」とよばれる鎌倉随一の紅葉の名所。鎌倉幕府の重臣であった二階堂道蘊が嘉暦2年(1327)夢窓疎石を開山として創建。本堂の裏手には、書院庭園の起源とされる夢窓疎石が作庭した岩庭が発掘復元されています。

紅葉ヶ谷といわれ、紅葉が美しいことで有名です

右の字…奉拝／中央の字…大雄宝殿／左の字…瑞泉寺／右の印…夢窓国師座禅苑／中央の印…仏法僧宝(三宝印)／左の印…瑞泉禅寺

夢窓国師は国の名勝になった多くの庭園を造営し、禅宗様庭園の発達に貢献した臨済宗の禅僧

愛染堂に祀られている阿閦如来の御朱印は、古刹の風格を感じさせます

右の字……奉拝
中央の字…阿閦如来
左の字……覚園寺
右の印……鎌倉十三仏第十二番
中央の印…ウン(梵字)阿閦如来の御宝印
左の印……覚園寺印

全国的にも珍しい黒地蔵尊の御朱印。毎年8月10日黒地蔵盆が執り行われます

右の字……奉拝
中央の字…黒地蔵尊
左の字…覚園寺
右の印……鎌倉地蔵尊第三番
中央の印…カ(梵字)地蔵菩薩の御宝印
左の印……覚園寺印

11月下旬から12月上旬にかけては、紅葉が境内を彩り、古都の風情をたたえる

本尊の釈迦牟尼仏のほか、木造夢窓国師坐像や千手観音像を安置

DATA 瑞泉寺

臨済宗　錦屛山(きんぴょうさん)
釈迦如来(しゃかにょらい)
嘉暦2年(1327)　禅宗様式(ぜんしゅうようしき)
住 鎌倉市二階堂710
交 JR横須賀線、江ノ島電鉄線鎌倉駅東口から京急バス大塔宮行きで8分、大塔宮下車、徒歩10分
料 200円

DATA 覚園寺

真言宗　鷲峰山(じゅぶせん)
薬師三尊(やくしさんぞん)
建保6年(1218)　寄棟造(よせむねづくり)
住 鎌倉市二階堂421
交 JR横須賀線、江ノ島電鉄線鎌倉駅東口から京急バス大塔宮行きで8分大塔宮下車、徒歩10分
料 500円

緑豊かな境内♪

+α メモ／〈瑞泉寺〉草花の多さでは鎌倉随一を誇る庭園は、冬の日本ズイセン、黄梅、桜、藤、ヤマユリ、アジサイ、ヒガンバナ、シュウメイギクなど、四季を通じて、花が途切れることがありません。関東でも遅めの紅葉狩りが楽しめます。

鎌倉 御朱印 さんぽ ポイント

寺社仏閣をめぐる際にいっしょに訪れたいスポットや、お祭りの情報などまだある鎌倉さんぽのポイントをチェックしよう

POINT…1 まだある鎌倉の御朱印めぐりテーマ

御朱印集めはとても奥が深い世界。鎌倉には歴史ある仏閣が多く点在しているため、どこからめぐったらいいか迷っている方も多いのでは。そんなときはテーマを決めてみるのもおすすめ。例えば七福神や観音様めぐりなど、時間をかけてゆっくりと寺社仏閣を訪れてみてはいかがでしょうか。

❶ 鎌倉・江ノ島七福神

浄智寺の布袋尊、鶴岡八幡宮の弁財天、宝戒寺の毘沙門天、妙隆寺の寿老人、本覚寺の夷尊神、長谷寺の大黒天、御霊神社の福禄寿、江島神社の弁財天。弁財天だけ2カ所におられるので8寺社をめぐれば満願成就。

☞長谷寺のさわり大黒天

❷ 鎌倉三十三観音霊場

観音様は33種類に姿を変えて人びとを救うという観音信仰に基づくのが三十三観音霊場。鎌倉の場合、一番札所の杉本寺から三十三番札所の仏日庵まで、すべて鎌倉市中心部にあるので、頑張れば1日でまわれます。

☞一番札所の杉本寺

❸ 鎌倉五山

禅宗の寺格を表すもので、現在の五山の順位が決まったのは室町時代。第1位が建長寺、第2位が円覚寺、そして、寿福寺、浄智寺、浄妙寺と続きます。ちなみに、五山の上には別格として京都の南禅寺が定められています。

☞建長寺は臨済宗建長寺派の大本山

☞円覚寺の山門は神奈川県の重要文化財

POINT…2 アクセスはJRか小田急、エリア内移動は江ノ電が便利

主な移動の拠点となる鎌倉駅へ到着したあと、寺院間の移動の手段はさまざま。電車で移動する場合、江ノ電全線が1日乗り降り自由で周辺施設の割引特典などもついた「の

富士見町駅
大船駅
藤沢駅
平塚駅
JR東海道本線
円覚寺
N
0
2km
湘南町屋駅
北鎌倉駅
湘南深沢駅
湘南モノレール
建長寺
本鵠沼駅
石上駅
小田急江ノ島線
藤沢市
鎌倉市
鶴岡八幡宮
柳小路駅
鵠沼駅
高徳院
鵠沼海岸駅
西鎌倉駅
鎌倉駅
467
稲村ヶ崎駅
片瀬山駅
湘南海岸公園駅
目白山下駅
江ノ島電鉄
和田塚駅
湘南江の島駅
由比ヶ浜駅
長谷駅
JR横須賀線
片瀬江ノ島駅
江ノ島駅
腰越駅
鎌倉高校前駅
七里ヶ浜駅
134
極楽寺駅
逗子市
逗子駅
江の島
相模湾

☞稲村ヶ崎から望む富士山の絶景

りおりくん」や、江ノ電全線と湘南モノレール全線が1日乗り降り自由の「鎌倉・江ノ島パス」なども活用したい。駅周辺のお店で貸し出しされているレンタサイクルもおすすめ。

☞車窓からの景色に癒やされます

POINT…3
人気のスポットで 町プラするのも楽しみ

鎌倉にはショッピングや食べ歩きなど、町歩きを楽しめるスポットが満載。

鎌倉駅から鶴岡八幡宮まで続く小町通りや、鎌倉駅西口にある御成通りや由比ヶ浜大通りが人気。御朱印めぐりをしながら、かわいい雑貨を見つけたり、おいしいグルメに出合いましょう。

☞いつも多くの人でにぎわう小町通り
☞御成通りにはカフェなどが点在

POINT…4
人気の軽食グルメで 小腹も満たして幸せ

スイーツから魚介類のグルメまで、さまざまな絶品グルメに出合うことのできる鎌倉。見た目もカラフルでおいしいグルメが盛りだくさん。その日の気分に合わせて、お気に入りの一品を見つけてみましょう。

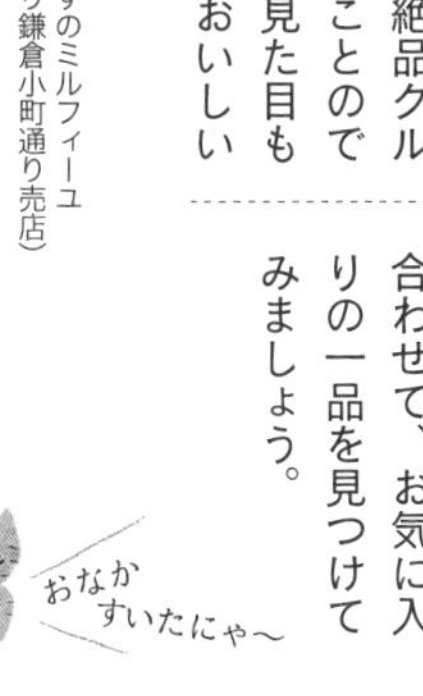

☞いくらとしらすのミルフィーユ（はんなりいなり鎌倉小町通り売店）

☞マシュマロをのせたソフトクリーム（いも吉館 小町通り店）

おなかすいたにゃ〜

POINT…5
お祭りで 季節を楽しむ

通年、鎌倉ではさまざまなお祭りが行われています。御朱印めぐりと一緒に楽しんでみてはいかがでしょうか。

☞七夕の期間、鶴岡八幡宮では七夕祭が行われ、境内は七夕飾りが飾られ華やかな様子となります

☞鎌倉花火大会は毎年多くの人で賑わい、夏の空を美しく彩ります

藤沢市

観光もおまいりも楽しめる！ オシャレスポット満載の江ノ島で御朱印めぐり

湘南を代表する人気観光地・江ノ島の寺社をめぐってみましょう。潮風を浴びながら歩く海岸の景色や、モノレールから眺める景色もまた楽しみ。さまざまな伝説が伝えられている神社・寺院で御朱印やかわいらしいおみやげをいただきましょう。

古くから参拝の地として多くの信仰を集めてきた江ノ島は、切り立った海蝕崖に囲まれた周囲4km、標高60mほどの陸繋きの島です。現在では都心からアクセスの良い観光地としても人気を集めています。島内に鎮座する江島神社は日

1 10:30 江島神社

●えのしまじんじゃ

島 全体がパワースポットとも言える江ノ島に鎮座する3つの神社の総称。『江島縁起』の伝説において、五頭龍が恋に落ちる天女の弁財天を祀る「辺津宮」には、海や水の守り神であるほかに縁結びや財宝、芸能上達などのご利益スポットが集まります。美人祈願の「中津宮」、そして龍神伝奇発祥の地、岩屋洞窟に近い「奥津宮」と三社それぞれに女神が祀られていて、お守りも豊富です。

☝龍宮城を模した瑞心門は、唐獅子が守護する厄払いスポット

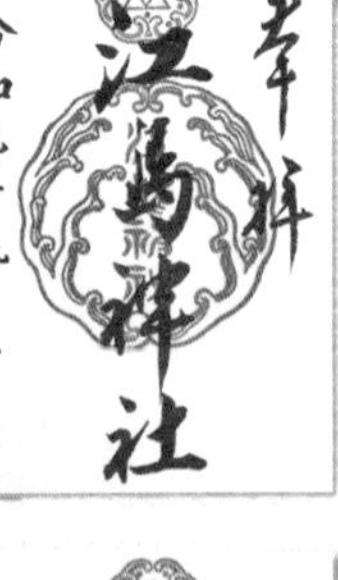

奉拝 江島神社 令和元年九月廿六日

右の字……奉拝
中央の字…江島神社
中央の印…上・向かい波三つ鱗 下・江島神社

奉拝 弁財天 令和元年九月二十六日

右の字……奉拝
中央の字…弁財天
中央の印…上・向かい波三つ鱗 下・日本三弁天 江島弁財天 財宝福徳守護

☝八角形の奉安殿には、八臂弁財天と妙音弁財天が祀られています

音楽芸能、勝運の神様

+α メモ 江島神社の社紋は三つ鱗。『太平記』によると、北条時政が江の島に参籠し子孫繁栄の祈願をすると、龍が現れたといいます。時政は祈願が成就すると、これを喜び龍が残していった3枚の鱗を家紋にしたと伝えられています。

本三大弁財天を奉る名刹。ひと足のばせば、本土には龍口寺や龍口明神社など由緒ある寺社が立つエリアです。

江ノ島駅
←徒歩25分←
① **江島神社**
←徒歩25分←
龍口寺

市寸島比賣命を祀る中津宮。拝殿の格天井には優美な花鳥画や彫刻が施されています

奥津宮の隣 龍宮大神を祀る龍宮

古来より、龍神は弁財天信仰と結びつき、江ノ島でも数々の龍神伝説が残ります

多紀理比賣命を祀る奥津宮。拝殿天井には『八方睨みの亀』が描かれています

右の字…奉拝／中央の字…辺津宮　中央の印…上・向かい波三つ鱗　下・江島神社

右の字…奉拝／中央の字…奥津宮　中央の印…上・向かい波三つ鱗　下・江島神社

右の字…奉拝／中央の字…中津宮　中央の印…上・向かい波三つ鱗　下・江島神社

中央の字…龍宮　中央の印…江島神社

ココだけの御朱印帳！

波と江島神社越しに富士山が描かれている御朱印帳2000円。天女や龍神、瑞心門をデザインしたものもあります

むすび絵馬 500円

DATA 江島神社

奥津宮の多紀理比賣命（たぎりひめのみこと）・中津宮の市寸島比賣命（いちきしまひめのみこと）・辺津宮の田寸津比賣命（たぎつひめのみこと）

欽明天皇13年（552）

入母屋造（いりもやづくり）（奥津宮）・権現造（ごんげんづくり）（中津宮・辺津宮）

住 藤沢市江の島2-3-8

交 小田急江ノ島線片瀬江ノ島駅から徒歩20分、または江ノ島電鉄線江ノ島駅、湘南モノレール湘南江の島駅から徒歩25分

料 無料（奉安殿は200円）

ご利益おもちかえり

恋愛成就御守 800円
もっと美しい恋がしたい人に。淡いピンクとブルーの2色

龍神御守 800円
運気向上、心願成就のお守り。強運が舞い降りてきそう

弁財天守 800円
琵琶を持つ天女が描かれている。大きなご利益を期待

+α メモ　江島神社の御朱印の種類は多く、「八方睨みの亀」「江島大明神」「八臂弁財天」「蘇民将来」などもありますが、「江島神社」と「弁財天」以外は、書き置きのみ。朱印所は奉安殿の向かいにあります。

② 龍口寺
↑徒歩3分
湘南江の島駅
↑電車6分
西鎌倉駅
↑徒歩6分
③ 龍口明神社
↑徒歩6分
西鎌倉駅

明治43年(1910)建造。ケヤキで造られた県唯一の木造五重塔

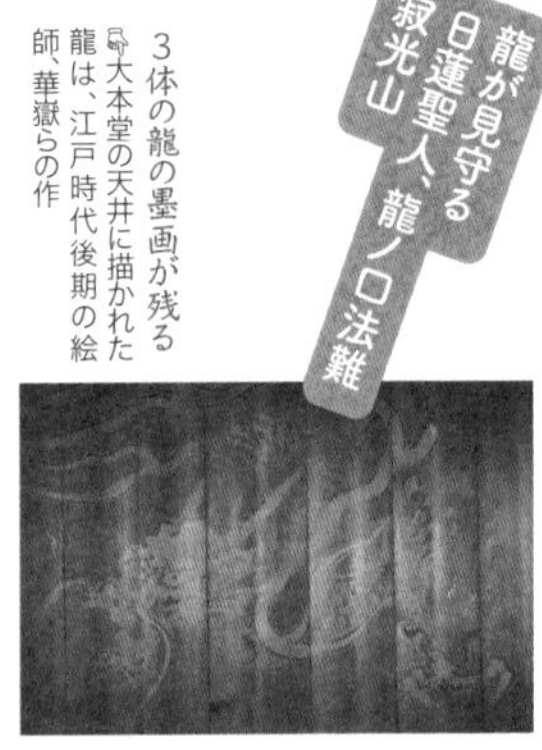

龍が見守る 日蓮聖人、龍ノ口法難 寂光山

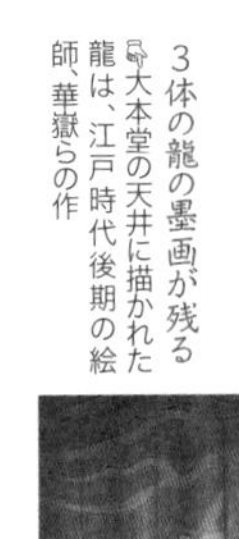

3体の龍の墨画が残る大本堂の天井に描かれた龍は、江戸時代後期の絵師、華嶽らの作

天保3年(1832)建造の大本堂、五重塔とともに神奈川建築物百選に選定されています

2 12:00 龍口寺

りゅうこうじ

龍ノ口刑場のあった地。『立正安国論』の諫言により幕府に捕らえられた日蓮がまさに処刑されるその時、江ノ島の方角から一筋の閃光が射し処刑を免れたという、日蓮宗では法難の霊場でもあります。日蓮没後、弟子の日法がこの奇蹟の地に日蓮の像を刻み、延元2年(1337)に寺を建立したのが始まり。境内には日蓮が過ごした土牢や江ノ島を望む仏舎利塔などがあります。

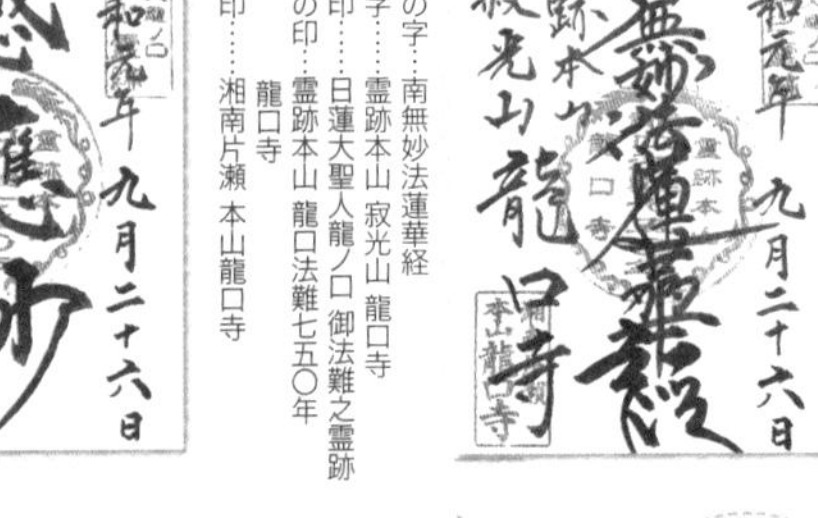

中央の字……南無妙法蓮華経
左の字……霊跡本山 寂光山 龍口寺
右の印……日蓮大聖人龍ノ口 御法難之霊跡
中央の印……霊跡本山 龍口法難七五〇年 龍口寺
左の印……湘南片瀬 本山龍口寺

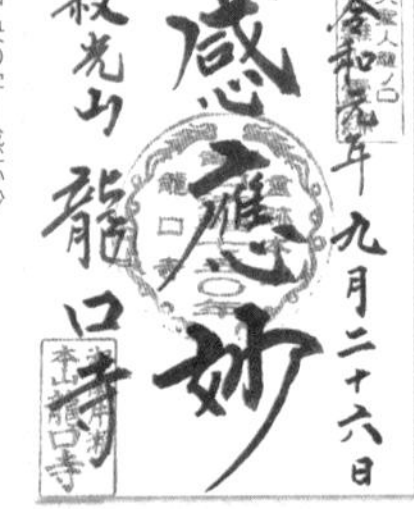

中央の字……感応妙
左の字……寂光山 龍口寺
右の印……日蓮大聖人龍ノ口 御法難之霊跡
中央の印……霊跡本山 龍口法難七五〇年 龍口寺
左の印……湘南片瀬 本山龍口寺

ご利益おもちかえり

除厄御守 500円

名前を書いて半分に割り、「厄」のほうを焚き上げていただきます

牡丹餅クッキー 500円

牡丹餅により、日蓮大聖人が難を逃れた伝承から生まれました

釈尊の御真骨を安置する仏舎利塔。龍口山の高台に立ち、江ノ島や相模湾を望めます

ココだけの御朱印帳!

金文字で龍口寺と書かれ、龍が描かれたオリジナル御朱印帳2000円。ほかに御主題帳800円も

DATA 龍口寺

日蓮宗 寂光山(じゃっこうざん)
日蓮大聖人(にちれんだいしょうにん)
延元2年(1337) 欅造(けやきづくり)
住 藤沢市片瀬3-13-37
交 江ノ島電鉄線江ノ島駅、湘南モノレール湘南江の島駅から徒歩各3分
料 無料

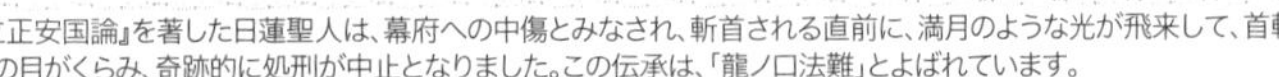

+α メモ! 『立正安国論』を著した日蓮聖人は、幕府への中傷とみなされ、斬首される直前に、満月のような光が飛来して、首斬り役人の目がくらみ、奇跡的に処刑が中止となりました。この伝承は、「龍ノ口法難」とよばれています。

隣接する駐車場の奥にある経六稲荷。毎年2月に初午祭が催されます

3 13:30 龍口明神社

●りゅうこうみょうじんしゃ

目の前の江ノ島に住む弁財天に恋をした五頭龍伝承が残る、鎌倉で最も古い神社。ご祭神は龍神を束ねる玉依姫命と五頭龍大神。五頭龍は国を荒らして恐れられていた5つの頭を持つ龍だとされます。欽明13年(552)の大嵐の後、海の上に江ノ島が湧き出し、空から弁財天が降臨したという。この弁財天の美しさに惹かれて想いを寄せた五頭龍は、弁財天に戒められて自分の行いを改め、国のため人のための大神となり弁財天と結ばれたといわれています。その後、五頭龍は海を離れて対岸の山に姿を変え、五頭龍の口にあたる部分に神社が創建されたと伝わります。江島神社と龍口明神社は夫婦神社でもあり、セットで参拝するとよいとされています。

中央の字…龍口明神社／左の字…奉拝／右の印…鎌倉津鎮座／中央の印…上:三つ鱗　中:龍口明神社　下:五頭龍

右の字…龍口明神社／中央の字…玉依姫命／左の字…奉拝／右の印…三つ鱗／中央の印…龍口明神社

右の字…奉拝／中央の字…経六稲荷　中央の印…社

右の字…龍口明神社／中央の字…五頭龍大明神／左の字…奉拝／右の印…三つ鱗／中央の印…龍口明神社

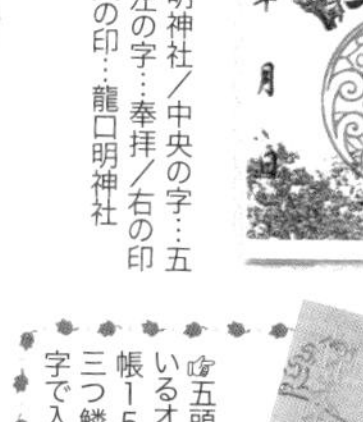
ココだけの御朱印帳!

五頭龍大神が描かれているオリジナルの御朱印帳1500円。裏面には三つ鱗と神社名が金文字で入っています

本殿の前にある龍神おみくじ500円。赤いひもを引っ張るとおみくじが出てきます

閑静な住宅街にあります

DATA 龍口明神社
玉依姫命・五頭龍大神
欽明13年(552)　権現造
住 鎌倉市腰越1548-4
交 湘南モノレール江の島線西鎌倉駅から徒歩6分
料 無料

こちらもCHECK!

寄り道SPOT 江の島「シーキャンドル」

江ノ島に立つ地上60mの灯台で、湘南のシンボルとして親しまれています。南国ムード漂う庭園「江の島サムエル・コッキング苑」が隣接しています。
住 藤沢市江の島1-3-28
料 300円
時 9〜20時 休 無休
11月下旬〜2月中旬はイルミネーションで輝きます

ご利益おもちかえり

玉依さま幸福守 700円
初代天皇をお産みになられた玉依姫命が描かれています

えんむすび守 700円
玉依様のご利益で良縁祈願のストラップタイプのお守り

除災御守 700円
龍がデザインされ、五頭龍大神のお力で防災や厄除け

+α メモ/ 御朱印は4種類あり、「龍口明神社」と「経六稲荷」の御朱印は初穂料が300円。「玉依姫命」と「五頭龍大明神」の御朱印は初穂料が500円で、時期によって少しずつ絵柄が変わり、枚数限定です。

箱根町

絶景と温泉も楽しみたい！ 湖畔の景色に癒やされながら 箱根で縁結び祈願

火山活動によって豊かな景色が広がる箱根にはさまざまな言い伝えが残り、寺社が周辺に点在します。芦ノ湖遊覧船やロープウェーからの景色も格別。自然風景を楽しみながら、縁結び祈願に足を運んでみましょう。

古来より東海道の難所であった箱根峠の麓には宿場や関所が置かれ、幹線の要所として機能していました。また、箱根一帯には豊富な温泉が湧き鎌倉時代から湯治場として知られ、現在も温泉地としてたくさんの人が訪れます。

1 10:30 箱根元宮

●はこねもとみや

箱根元宮は、昭和39年（1964）、駒ヶ岳山頂に箱根神社の奥宮として建立。箱根山最高峰の神山を神体山と拝する神社のため、拝殿のみで形成されています。社殿前には白馬に乗った神様が降臨されたと伝えられる馬降石が史跡として残されています。

☞標高1356mの山頂からは、富士山も拝めます

☞「天空の社殿」ともいわれています

☞ロープウェー駅から社殿まで続く道

箱根元宮
奉拝
令和元年
九月 十九日

中央の字…奉拝
中央の印…箱根元宮

☞御朱印は土・日曜、祝日および1、13・15・24日の祭典日のみだが、参拝後なら箱根神社でも授与できます

ご利益おもちかえり

箱根元宮 開運御守 1000円

☞運開きの神様箱根大神のご神徳を箱根神社でも受けることができます

DATA 箱根元宮

箱根大神（はこねのおおかみ）

昭和39年(1964) 不明

住 足柄下郡箱根町元箱根駒ヶ岳山頂

交 箱根駒ヶ岳ロープウェー箱根園駅から駒ヶ岳頂上行き7分、駒ヶ岳頂上駅下車、徒歩7分

料 無料

2 12:30 箱根神社

●はこねじんじゃ

天平宝字元年（757）に万巻上人が箱根大神のご神託により、勅願によって創建したのが始まりとされています。古くは関東における山岳信仰の一大霊場として知られ、鎌倉時代には源頼朝をはじめ東国の武家から守護神として崇められ、江戸時代には道中安全の祈願所として栄えました。現在も開運厄除、心願成就、交通安全など、運開きの神様として広く崇敬されています。

+α メモ／ 2000年、本宮より分霊を奉遷して箱根神社の境内に新宮が創建されました。本宮は箱根園から徒歩30分とおまいりしづらいですが、かえって熱心な参拝者に人気があります。

御殿場ICへ
箱根町
強羅駅
玉簾神社 5
箱根湯本駅
小田原市
御殿場ICへ
箱根登山鉄道
箱根駒ヶ岳ロープウェー
1 箱根元宮
温泉場入口
小田原駅へ
九頭龍神社本宮
芦ノ湖
東芦の湯
4 阿字ヶ池弁財天
箱根神社入口
元箱根
箱根神社 2
3 興福院
箱根関跡
元箱根港
裾野市
湯河原町
三島市
熱海へ

❶ 箱根湯本駅
←バス52分
箱根園駅
←ロープウェー7分、徒歩7分
箱根元宮
←ロープウェー7分、徒歩7分
箱根園駅
←バス12分
元箱根バス停
←徒歩7分
❷ **箱根神社**
←徒歩10分
興福院

箱根神社、九頭龍神社そして箱根七福神の恵比寿様の御朱印がいただけます

昭和27年（1952）に建てられた平和の鳥居

石段を上がり、第5鳥居をくぐると神門、拝殿、幣殿、本殿が直線的に並んでいます

箱根神社
奉拝
令和元年九月十九日

中央の字…奉拝
中央の印…箱根神社

九頭龍神社
奉拝
令和元年九月十九日

中央の字…奉拝
中央の印…九頭龍神社

九頭龍神社の御朱印もいただけます

ココだけの御朱印帳

表面に神門と三つ割菊の社紋、裏面には芦ノ湖と平和の鳥居と富士山が描かれている御朱印帳 1500円

こちらもCHECK!

ひと足のばして

九頭龍神社 本宮（くずりゅうじんじゃ ほんぐう）

箱根神社を創建した万巻上人（まんがんじょう）が、人びとを苦しめていた芦ノ湖の毒龍を調伏し、芦ノ湖を守護する九頭龍大神として神社にお祀りしたのが始まりとされています。毎年6月13日に例祭が、毎月13日には月次祭が執り行われ多くの方がおまいりに訪れます。参拝するには、徒歩かモーターボートで。月次祭では元箱根港から特別参拝船が出港します。九頭龍神社の御朱印は、九頭龍神社の本宮ではなく、箱根神社の境内、第4鳥居の横のお札所でいただけます。

白龍神社の御朱印は、興福寺でいただけます　福徳円満、商売繁盛の神様として親しまれています

龍神水は、箱根神社の九頭龍神社新宮前で

龍神信仰の聖地、芦ノ湖のほとりにひっそりとたたずむ本宮

ご利益おもちかえり

縁結び御守 1000円
良縁祈願、良縁成就のお守りは、カップルならペアで持って

九頭龍えんむすび御守 1000円
龍が描かれた小さな絵馬の縁結びと心願成就のお守り

DATA 九頭龍神社 本宮
九頭龍大神（くずりゅうおおかみ）
天平宝字元年（757）　不明
住 箱根町元箱根防ケ沢（箱根九頭龍の森内）
交 箱根駒ヶ岳ロープウェー箱根園駅から徒歩30分
料 600円

DATA 箱根神社
箱根大神（はこねのおおかみ）
天平宝字元年（757）　権現造（ごんげんづくり）
住 箱根町元箱根80-1
交 箱根登山鉄道箱根湯本駅から箱根登山バス箱根町港行きまたは元箱根港行きで40分、箱根神社入口下車、徒歩10分
料 無料（宝物殿は別途500円）

+α メモ／ 宝物殿では、関東最古の肖像彫刻といわれる万巻上人坐像や箱根権現縁起絵巻（いずれも国の重要文化財）、織田信長、豊臣秀吉の書状といった箱根神社に伝わる貴重な宝物の数々を拝観できます。

③ **興福院**
↓ 徒歩10分
箱根神社入口バス停
↓ バス7分
東芦の湯バス停
↓ 徒歩5分
④ **阿字ヶ池弁財天**
↓ 徒歩9分
東芦の湯バス停
↓ バス25分
温泉場入口バス停
↓ 徒歩11分
⑤ **玉簾神社**
↓ 徒歩15分
箱根湯本駅

3 13:30 興福院

こうふくいん

天文年間（1532〜1555）に箱根権現の金剛王院末の真言宗の寺として開山しましたが、のちに曹洞宗に転宗。明治の神仏分離により廃寺となった金剛王院東福寺のものと思われる貴重な仏像を安置するほか、箱根七福神の布袋尊を祀る寺として知られています。

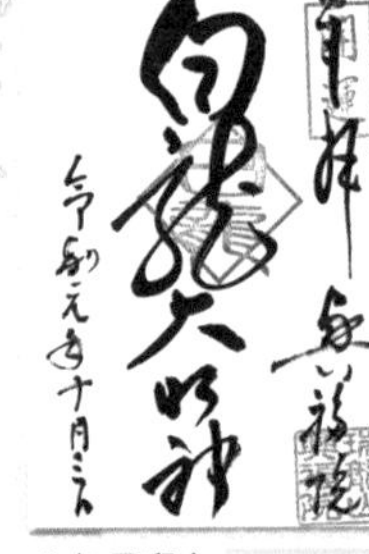

右の字……奉拝 興福院
中央の字…白龍大明神
右の印……上・開運
下：瑞龍山興福院
中央の印…白龍

御朱印は布袋尊、釈迦如来のほか、九頭龍神社本宮近くにある白龍神社の3種類

木造弘法大師坐像のほか、鎌倉時代の普賢菩薩坐像や平安時代の菩薩頭など、貴重な仏像を安置

白龍ひも 1500円

白龍大明神のご神徳で家運、家庭運を上昇させる大小の絵馬付き

ご利益おもちかえり

白龍御札 700円

勝負の神様として知られる白龍大明神の祈祷護符で開運

DATA 興福院
曹洞宗　瑞龍山（ずいりゅうざん）
天文年間(1532〜1555)　不明
住 箱根町元箱根26
交 箱根登山鉄道箱根湯本駅から箱根登山バス箱根町港行きまたは元箱根港行きで40分、箱根神社入口下車、徒歩10分
料 無料

4 14:30 阿字ヶ池弁財天

あじがいけべんざいてん

鎌倉時代から湯治場として知られ、江戸時代には箱根七湯のひとつに数えられた芦之湯温泉に小さな祠がひっそりと祀られています。詳細は不明だが、弁天山の西麓に石の小祠があり、往昔芦の海ありし頃よりの古社と伝えられ、延享元年（1744）、徳川吉宗時代に再興勧進したという記録も。名称については、芦の池の弁天社がのちに阿字と訛り、阿字ケ池弁天社と称されるようになったといいます。七福神のうち、ただ一人の女性神で、清らかな心を持つ者に美と芸術と知恵を授けてくれるといわれています。

中央の字…芸道富有
中央の印…箱根七福神 阿字ケ池弁財天社

御朱印は、近くにある芦ノ湯きのくにや旅館の本館（足柄下郡箱根町芦之湯8）でいただけます

人頭蛇身の石像が祀られています

訪れる人も少ない林の中にひっそりと鎮座しています

DATA 阿字ケ池弁財天
弁財天（べんざいてん）
不明　不明
住 箱根町芦之湯
交 箱根登山鉄道箱根湯本駅から箱根登山バス箱根町港行きで25分、東芦の湯下車、徒歩約5分
料 無料

+α メモ／〈興福院〉白龍神社を管理しており、白龍神社の御朱印も興福院でいただくことができます。

5
16:00

玉簾神社

たまだれじんじゃ

箱根湯本温泉天成園の庭園にあり、江戸時代、小田原藩主稲葉氏の邸内社として創建され、箱根神社唯一の分社とされています。主祭神に箱根大神を奉斉し、相殿に九頭龍大神、水波能売神、稲荷大神、恵比寿神を祀り、家内安全、商売繁盛、開運出世の社として信仰されています。よく手入れされた美しい庭園にある「飛烟の瀧」と「玉簾の瀧」の間の石段を100段余り登ると小さな社があります。御朱印は庭園入口の「九頭龍明神玉簾神社札所」で。

箱根神社や九頭龍神社の分霊を祀り、同じご神徳があるとされています

宿泊者は浴衣姿で庭園を散策

毎月21日には名水祭が執り行われます

通常の御朱印のほか、金文字が入った龍神様の縁起札やカラフルな季節限定の御朱印もあります

右の字……奉拝
中央の字……箱根山 玉簾神社
中央の印…玉簾神社

庭園入口から飛烟の滝を過ぎると玉簾神社の入口。近年は縁結びの神様として参拝者が多い

寄り道SPOT

箱根の名所「芦ノ湖」

火山活動によって河川がせき止められて生まれた湖で、面積は神奈川県内最大。芦ノ湖には古来より伝承が残り、これにまつわる神社が建てられています。現在では、湖畔には観光名所やリゾート施設が数多く点在しています。「箱根海賊船」で知られる箱根観光船が定期運行しており、箱根観光の王道となっています。

富士山を望む景勝地　豪華絢爛な海賊船で優雅な船旅を

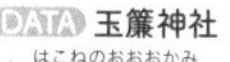

玉簾神社

箱根大神（はこねのおおおかみ）

不明　不明

住 箱根町湯本682 天成園内

交 箱根登山鉄道箱根湯本駅から徒歩15分

料 無料

ココだけの御朱印帳!

九頭龍大神にあやかり、金地に青い龍の文字が並ぶオリジナルの御朱印帳。3000円

+α メモ 玉簾神社では、入口にある札所でさまざまな御朱印や縁起札を授与しています。ただし、御朱印をいただく際は、スタンプラリー感覚はご法度。山門ではまず一礼して、きちんと参拝を済ませてから、御朱印をいただくこと。

湯河原町ほか

謂れのある名刹が町内に集まる！ 湯けむりの街で 癒やしの御朱印集め

湯河原は富士山へ続く大地のエネルギーと神仏のパワーが結集する地。そんな湯河原の「鎌倉幕府開運街道トリプルパワースポット」といわれる源頼朝ゆかりの史跡を訪ねてみましょう。

神奈川県の南西端に位置し、静岡県と接する湯河原町は温泉地として栄え、古くから文豪や画家などの作家が滞在し創作の筆を執った場所です。海と山に挟まれた穏やかな斜面にみかん畑が広がり、のどかな気分にさせてくれます。

1 10:00 五所神社

●ごしょじんじゃ

今から1350余年前、天智天皇の御代に創建されたと伝えられています。大樹そびえる神域に樹齢850余年のクスノキやイチョウの木が威容を誇ります。源頼朝の戦勝祈願が行われたといわれています。ご神木にふれると、健康長寿などのお力をいただけます。また境内の七福神めぐりも楽しみです。

☞室町時代後期に遡る本殿は、県の重要文化財に指定されています

右の字……奉拝
中央の字…五所神社
右の印……三つ巴
中央の印…湯河原町
五所神社印

右の字……奉拝
中央の印…上:三つ巴 下:湯河原
七福神 五所神社

☞樹齢850余年といわれる史蹟、明神のクスノキ

☞戦後に建てられた湯河原頌徳社

おまもり

☞ご神木のクスノキをデザインしたストラップのかわいいお守り

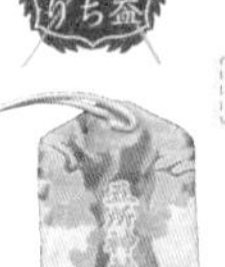

ご利益 おもち かえり

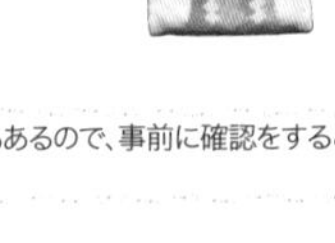

五所神社御守

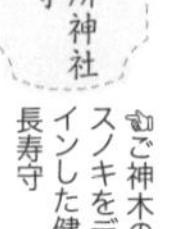

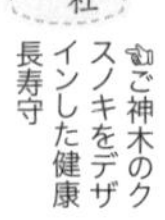

☞ご神木のクスノキをデザインした健康長寿守

DATA 五所神社

天照大神（あまてらすおおみかみ）・天忍穂耳尊（あめのおしほみみのみこと）・瓊瓊杵尊（ににぎのみこと）・彦火々出見尊（ひこほほでみのみこと）・鸕鷀草葺不合尊（うがやふきあえずのみこと）・誉田別尊（ほんだわけのみこと）・素盞嗚尊（すさのおのみこと）・伊弉諾尊（いざなぎのみこと）・伊弉冊尊（いざなみのみこと）

天智天皇御代　三間社流造（さんけんしゃながれづくり）

住 湯河原町宮下359-2
交 JR東海道本線湯河原駅から徒歩12分
料 無料

+α メモ！ 御朱印は社務の都合により書いていただけない場合もあるので、事前に確認をすることがおすすめです。

湯河原駅 ←徒歩12分 ①五所神社 ←徒歩12分 湯河原駅 ←徒歩8分 ②城願寺 ←徒歩8分 湯河原駅 ←バス4分 吉浜交番前バス停 ←徒歩3分 素鵞神社

山門の先にはビャクシンがそびえます

2 11:30 城願寺

じょうがんじ

源頼朝に仕えた武将・土肥実平で知られる土肥一族の菩提寺。境内には推定樹齢900年、樹高20mを誇るビャクシン(別名イブキ)の名木がそびえ立ちます。源頼朝や土肥実平らの平家討伐の出陣を見守り、石橋山合戦に敗れた頼朝主従七騎が無事に逃れるのを見守ってきた聖木は、訪れる人に信頼、友情のパワーを与えるといいます。

本堂に安置されている本尊の聖観世音菩薩

かつては茅葺き屋根だった本堂。奥には開山堂があり、108枚の天井絵があります

奉拝 令和元年九月廿五日
聖観世音菩薩
萬年山 城願寺

右の字……奉拝
中央の字…聖観世音菩薩
左の字……万年山 城願寺
右の印……万年山
中央の印…仏法僧宝(三宝印)
左の印……城願禅寺

DATA 城願寺
曹洞宗 万年山(まんねんさん)
聖観世音菩薩(しょうかんぜおんぼさつ)
不明 不明
住 湯河原町城堀252
交 JR東海道本線湯河原駅から徒歩8分
料 無料

周辺の見どころもいっしょにチェック!

自然豊かな万葉公園へ一歩足をのばして!

湯河原温泉の中心地・温泉場地区に所在し、約2万㎡の横長の敷地に造成されている、入園無料の緑地公園。湯河原温泉が万葉集において和歌に詠まれている唯一の温泉であることから「万葉公園」と名付けられました。園内には万葉集に登場する草木が植えられています。足湯「独歩の湯」などもあり、散策を楽しめます。

園内は豊かな緑が広がり、四季折々の景色を楽しめます

「独歩の湯」には9つの足湯があります

+α メモ 城願寺には、開運絵馬があります。源頼朝を支える土肥実平一族をはじめとする武将たちがこの地から出陣し、やがて頼朝が鎌倉幕府を開き、関東に政権を置くきっかけとなった、開運門出の地として知られています。

③ 素鵞神社 ←徒歩3分 海の家バス停 ←バス10分 真鶴駅 ←徒歩25分 ④ 貴船神社 ←徒歩25分 真鶴駅

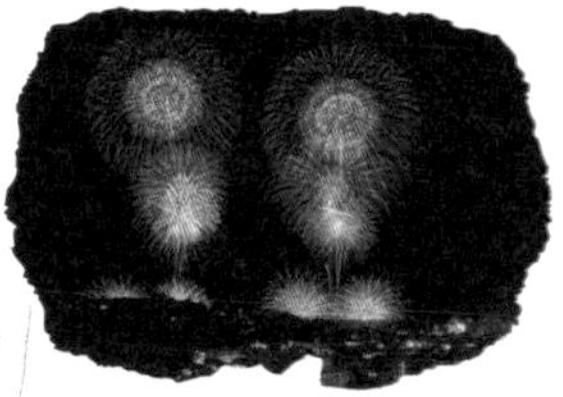

昭和15年（1940）に現在地に遷座。手水社の背後には、境内社として比叡神社や山之神社が祀られています

きれい 花火も

3 13:00 素鵞神社

すがじんじゃ

海沿いの国道135号線から路地を入った場所に鎮座し、石段を上がると、境内からは相模湾を見渡せます。元和6年（1620）の創建で、明治6年（1873）に村社に列せられ、昭和9年（1934）に神饌幣帛料供進神社となりました。天保年間（1831〜1845）かその前後の時代、湯河原町では、祭礼を盛り上げるため、豪華な飾り屋台を競って造営しました。現在も当時の名工が手がけた飾り屋台（町の有形民俗文化財）が残ります。

稀代の彫工といわれた安房の武志伊八朗信由の飾り屋台の彫刻

大山津見神を祀る山之神社

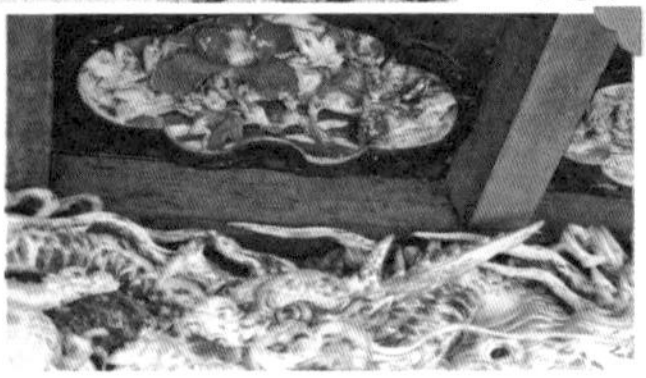

右の字……吉濱
中央の字……素鵞神社
中央の印…素鵞神社

社務所は不在のことが多いので、事前に電話（0465-62-5067）で確認のこと

寛政4年（1792）頃の武志伊八朗信由の作とされる拝殿の一対の獅子

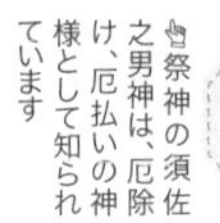

ご利益 おもちかえり

御守 500円

祭神の須佐之男神は、厄除け、厄払いの神様として知られています

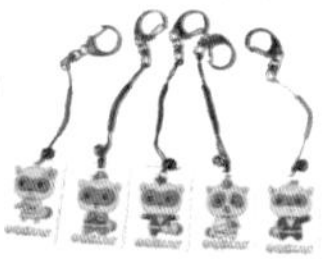

キャラクターお守り 500円

ゆたぼんファイブのキャラクター入りストラップ型交通安全お守り

DATA 素鵞神社

須佐之男神（すさのおのかみ）・伊弉諾神（いざなぎのかみ）・伊弉冊神（いざなみのかみ）

元和6年(1620) 権現造（ごんげんづくり）

住 湯河原町吉浜1047

交 JR東海道本線湯河原駅から箱根登山バス真鶴駅行きで4分、吉浜交番前下車、徒歩3分

料 無料

+α メモ 飾り屋台は普段は拝観できないが、拝殿の彫刻は、武志伊八朗信由のほか、江戸の名工、後藤三治郎橘恒敏の作でみごたえがあります。境内の狛犬なども、江戸時代末期に造られたものでユニーク。

4 14:30 貴船神社

●きふねじんじゃ

㊓伝によると、寛平元年(889)、三ツ石の沖に現れた楼船に木像12体と書状を「平井の翁」が発見。その夜、大国主神よりご神託があり、村人と力を合わせて社殿を立て、村の鎮守として祀ったのが始まりとされます。貴宮大明神と称して漁業や海上安全の守り神として篤く信仰されてきましたが、明治元年(1868)に貴船神社に改称。7月27、28日の例祭の貴船まつりは、日本三船祭のひとつに数えられ、国の重要無形民俗文化財に指定されています。

☞厄除厄祓門の先には、心願成就石が奉斎されています

☞拝殿内の彫刻は巨匠江奈の半兵衛の名作

☞各家庭の稲荷を合祀した貴船稲荷社

☞和歌山県海草郡に鎮座する淡島明神も祀られています

☞貴船神社の御朱印は鳥居に三つ巴の印と「貴」の字の印がアクセントになっています

右の字……奉拝
中央の字…貴船神社
右の印……相州真鶴
中央の印…貴船神社
左の印……上・鳥居に三つ巴
下・貴

☞小早船で海に出て、豊漁や無病息災を祈願する貴船まつりの御朱印

右の印……国指定重要無形民俗文化財「貴船まつり」
中央の印…上・貴船神社
下・小早船

ココだけの御朱印帳！

☞貴船まつりをデザインしたオリジナルの御朱印帳1500円。表面は小早船と花火、裏面は真鶴の景勝地三ツ石をデザイン

ご利益おもちかえり

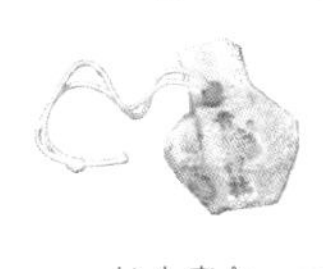

御守 1000円

☞小早船と花火が刺繍された貴船まつりのお守り。御朱印帳と一緒に揃えたい

子授り御守 1000円

☞子宝祈願のお守り。真鶴産の小松石が入っています

DATA 貴船神社

大国主神(おおくにぬしのかみ)・事代主神(ことしろぬしのかみ)・少彦名神(すくなひこなのかみ)

寛平元年(889)　不明

住 真鶴町真鶴1117

交 JR東海道本線真鶴駅から徒歩25分

料 無料

ひと足のばして

真鶴岬へ

●まなづるみさき

相模灘に向けて突き出す小さな半島・真鶴半島先端に位置しています。半島の駐車場から10分ほど散策すれば、眺望抜群の真鶴岬へたどり着きます。三ツ石とよばれる3つの巨大な岩が突き出た海岸が広がります。

☞朝日が三ツ石越しに登る光景がきれい

+α メモ　本殿は関東大震災の後、水害を避けるため、昭和10年(1935)に108段の清めの石段の上に遷座され、昭和38年(1963)、震災にも強い鉄筋で建立され、旧社殿は祖霊社となっています。

小田原市

時代ごとに特色ある小田原の歴史をたどる 海と山に恵まれた城下町小田原で御朱印さんぽ

相模灘に面した小田原は、城下町や交通の要所として古くから重要な役割を担ってきました。各時代に建てられた神社や寺院は都市化した現在も多く残り、市街地に溶け込みながら人びとから愛され続けています。

戦国時代には後北条氏の城下町として、江戸時代には東海道小田原宿の宿場町として盛えた小田原。小田原城をはじめ、寺社など数多くの史跡が今も残っています。箱根や湯河原など周辺の温泉地への交通拠点としても非常に便利です。

1 10:30 大稲荷神社

●だいいなりじんじゃ

北条時代の天正10年（1582）、修験者が建立した修験堂に武田家の元家臣、曲淵氏が稲荷大明神を祀ったのが始まりとされています。その後、京都伏見稲荷大社の最北座田中大神を合祀するも荒廃。貞亨3年（1686）、御神託により小田原城の鬼門除稲荷として再興され、宝永3年（1706）、現在の地に遷座し、改名。以来、「だいいなりさん」の愛称で親しまれています。

本殿には、古い彫刻や武人図絵馬などが残ります

右の字…奉拝／中央の字…田中稲荷社 元宮／右の印…稲穂／中央の印…田中稲荷社印

御狐様は明治34年の奉納で、自然石から彫刻されおり、おなかに子狐がいることから、子孫繁栄、子宝に恵まれる祈願もされています

右の字…奉拝／中央の字…火之迦具土大神 愛宕神社／右の印…西三つ葉葵／中央の印…愛宕神社

右の字…奉拝／中央の字…相州相模国小田原城鬼門除 大稲荷神社／右の印…大と稲穂／中央の印…大稲荷神社

鬼門除稲荷として3世紀

当時の藩主大久保忠増公が小田原城の鬼門除の稲荷として再興

絵馬 500円

全国にここだけの珍しい正七角形の絵馬。商売繁盛や開運などに

勝運御守 500円

兜がデザインされたお守り。勝負事や合格祈願に

+α メモ 御朱印は、大稲荷神社、田中稲荷社、愛宕神社、錦織神社の4種類がいただけます。ただし、御朱印がいただけるのは、神社専用の御朱印帳で、寺院の御朱印があるものは不可。御朱印は、4社をしっかりとおまいりしてからいただきましょう。

小田原駅 ←徒歩8分 ① 大稲荷神社 ←徒歩1分 ② 錦織神社 ←徒歩18分 報徳二宮神社

大正3年(1914)より大稲荷神社の隣に鎮座

右の字……奉拝
中央の字…西郡明神 錦織神社
右の印……木瓜紋
中央の印…錦織神社

2 錦織神社

11:30

にしきおりじんじゃ

その昔、焼身死した修験者を祀り、西郡明神とよばれていましたが、その後、錦織明神に改称。寛永10年(1633)の大地震の折、復興のためと厳しい年貢の取り立てが行われ、人びとは大変苦しみました。それに直訴した下田隼人は斬首されましたが、結果的に年貢が軽減され、その功績をたたえ合祀されました。人びとのために身を投じた下田隼人は、今も崇敬されています。

大稲荷神社の境内に並ぶ伏見稲荷神社、山神社、宮位稲荷神社。大稲荷神社はかつては田中稲荷と称していました

DATA 錦織神社
錦織大神・下田隼人命（にしきおりのおおかみ・しもだはやとのみこと）
不明 不明
住 小田原市城山1-22-1
交 JR東海道本線ほか小田原駅西口から徒歩8分
料 無料

ひと足のばして

小田原城
おだわらじょう

戦国時代から江戸時代にかけて存在した城で、現在の天守は昭和35年(1960)に再建されたもの。北条氏の居城として有名です。城跡は国の史跡に指定されています。天守廻縁からは四方それぞれ絶景を楽しめます。

小田原城
住 小田原市城内
時 10時～16時30分
休 無休

ご利益おもちかえり

勝守 500円
スポーツで活躍したいという参拝者が増えています

御守 500円
テニスの錦織選手の活躍により人気がある錦織神社のお守り

ココだけの御朱印帳!

小田原城鬼門除と書かれた大稲荷神社のオリジナル御朱印帳1500円

DATA 大稲荷神社
田中大神・宇迦之御魂大神（たなかのおおかみ・うかのみたまのおおかみ）
宝永3年(1706) 吾妻造（あずまづくり）
住 小田原市城山1-22-1
交 JR東海道本線ほか小田原駅西口から徒歩8分
料 無料

+α メモ 錦織神社の御朱印は、大稲荷神社で授与されます。隣接する愛宕神社は、江戸幕府が開かれた際に、拝・幣殿を江戸の愛宕神社へ移築したため、現在は本殿のみが残されており、江戸の愛宕神社のもとになったと伝えられています。

③ 報徳二宮神社 ←徒歩15分← ④ 居神神社 ←徒歩5分← 箱根板橋駅

3 12:30 報徳二宮神社

●ほうとくにのみやじんじゃ

江戸時代末期の農業改革の指導者、二宮尊徳を祭神として、明治27年（1894）、尊徳の生誕地である小田原城二の丸小峰曲輪の一角に創建されました。薪を背負って読書をする像で知られる尊徳は、若くして両親を亡くし、過酷な生活環境の中から身を起こし、藩の財政を立て直し、領民救済や農村の復興など、数々の功績を残しました。報徳博物館で詳しく知ることができます。

☞小田原出身の偉人、二宮尊徳を祀る神社

☞拝殿の礎石は、尊徳のエピソードが残る小田原城内にあった米蔵の礎石が用いられています

小田原城内鎮座 報徳二宮神社 令和元年九月二十日

右の字…小田原城内 鎮座
中央の字…報徳二宮神社
中央の印…上・報徳 下・相模国報徳二宮神社

☞有名な二宮金次郎像。境内には、大人の二宮尊徳翁像もあり、見比べるのもおもしろい

ココだけの御朱印帳!

☞カラフルでモダンなデザインが人気のオリジナル御朱印帳2200円。色違いもあり、きんじろうカフェで入手できます

ご利益おもちかえり

こども守 600円

☞薪を背負って読書をする金次郎が刺繍されていてかわいい

きんじろう守 800円

☞金次郎のご神徳で学業成就、身体健全

DATA 報徳二宮神社
二宮尊徳翁（にのみやそんとくおう）
明治27年(1894) 神明造（しんめいづくり）
住 小田原市城内8-10(小田原城址公園内)
交 JR東海道線ほか小田原駅東口から徒歩15分
料 無料

境内の人気カフェでひと休み!

「きんじろうカフェ」でかわいいオリジナルグッズやメニューを発見!

本格イタリアンコーヒーをはじめ、江戸時代に金次郎が食べていたという大豆をすりつぶした呉汁などのほか、オリジナルグッズも販売。同施設には、地元の柑橘類を使ったドリンクが話題のカフェ小田原柑橘倶楽部も併設。二宮金次郎のことをもっと多くの方に知ってもらおうと境内に併設。

きんじろう幸福ハンカチ 825〜968円

☞緑に囲まれた好ロケーションで、ゆったりとしたテラス席もあります

☞金次郎がラテアートになったカプチーノ605円と、きなぼん。495円

☞敵将を自らの領地に祀った氏綱

☞創建に尽力された氏綱公の「置文」に書かれた「勝って甲の緒を締めよ」の言葉を刻んだ石碑

4
14:00
居神神社
●いがみじんじゃ

浦荒次郎義意公(三)を祀る神社です。義意公は、桓武平氏の流れをくむ名族で、三浦半島を治めて鎌倉幕府の中核をになった三浦一族の子孫で、陸奥守従四位下三浦道寸義同公の嫡子。若武者で筋骨たくましく八十五人力といわれ、文武両道にすぐれた武将と伝えられています。関東制覇を目指す伊勢宗瑞に攻められ、三浦新井城での戦いで獅子奮迅の働きもむなしく、永正13年(1516)に自刃しました。のちに、小田原城主2代目・北条氏綱公により、永正17年(1520)居神大明神として祀られました。

☞ひっそりとたたずむ居神の森厄除不動明王。境内には古碑群(市指定の重要文化財)も

奉拝
居神神社
令和元年 月 日
東海道 小田原

右の字……奉拝
中央の字…居神神社 東海道小田原
中央の印…居神神社

☞居神神社の創建以前に祀られていたと伝わる子安地蔵尊

ご利益おもちかえり

三福かえる守り 500円
☞宝かえる、旅かえる、若かえるを祈願したお守り

木のお守り 500円
☞勇猛果敢で文武両道に長けた荒次郎のご神徳が宿ります

DATA 居神神社
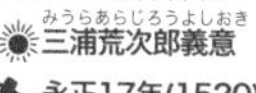
三浦荒次郎義意(みうらあらじろうよしおき)
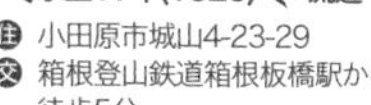
永正17年(1520) 流造(ながれづくり)
住 小田原市城山4-23-29
交 箱根登山鉄道箱根板橋駅から徒歩5分
料 無料

三浦市

絶景を楽しみながら御朱印めぐり！

広大な景色に魅せられる三浦半島パワースポットへ

都心からもほど近い三浦半島は、東京湾や相模灘を見渡す海景色のきれいな半島です。日本有数のマグロ水揚げ港である三浦漁港をはじめ漁港が多く、そのため漁師たちから信仰を集める神社が点在します。

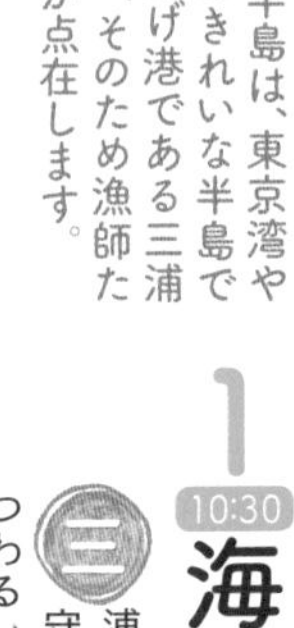

神奈川県南東部に位置し、太平洋に向けて突き出した三浦半島。三方を海に囲まれていたことから、「三浦」という字があてられたとも言われています。半島の随所に漁場が点在し、海や漁にまつわる神社が見られるのも特徴です。

マグロのおみくじ

本殿の鈴雄や鳥居のしめ縄は船のロープでできています

海辺の神社ならではの貝を用いた手水舎

1 10:30 海南神社

●かいなんじんじゃ

三浦半島の総鎮守。海や漁にまつわるいわれが多く、海の安全を祈念する漁業関係者の信仰者が多くいます。ご神木は、源頼朝公が手植えしたと伝えられる雌雄の大銀杏。枝の一部が龍神社に架かるさまが龍神様のお姿に見えるといわれ、青々と葉が生い茂る頃には「青龍」が、秋には黄金色の葉をたくわえた「金龍」を見ることができます。

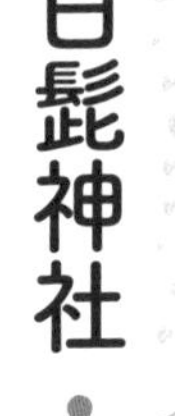

大漁得点 600円

松竹梅や富士山など縁起物をあしらった大漁旗のようなお守り

ご利益 おもちかえり

御守 600円

海に関わる仕事をする人に人気

オリジナルの御朱印帳もあるよ（→P.73）

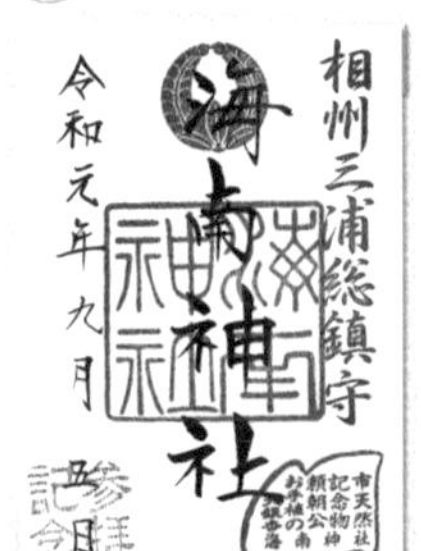
相州三浦総鎮守
海南神社
令和元年九月五日
参拝記念

中央の字…海南神社／右の印…相州三浦総鎮守／中央の印…上・神紋 中・海南神社 下・市天然記念物頼朝公お手植の大銀杏／左の印…参拝記念

DATA 海南神社

藤原資盈（ふじわらすけみつ）・藤原盈渡姫（ふじわらみつわたりひめ）

天元5年（982） 神明造（しんめいづくり）

住 三浦市三崎4-12-11

交 京急久里浜線三崎口駅から京急バス城ヶ島行きで15分、三崎港下車、徒歩3分

料 無料

2 12:00 白髭神社

●しらひげじんじゃ

天文年間（1532～1555）に、この村に住む漁夫の夜網にかかったまぶしく光る束帯姿のご神体をお祀りしたのがはじまり。御祭神である中筒男命は、航海安全大漁満足の神として、漁業関係者の信仰が篤く、古くから崇拝されています。

DATA 白髭神社

中筒男命（なかつつのおのみこと）（白髭明神・南極星化身（しらひげみょうじん・なんきょくせいのけしん））

不明 神明造（しんめいづくり）

住 三浦市三崎町小網代1793

交 京急久里浜線三崎口駅から京急バス京急油壺マリンパーク行きで11分、シーボニア入口下車、徒歩10分

料 無料

+α メモ／〈海南神社〉境内社・髙家神社には、景行天皇の料理の賄方だった食の神様・磐鹿六雁命（いわかむつかりのみこと）が祀られ、食に関わる人びとに信仰されてきました。神社右手には包丁塚があります。御朱印受付は8～17時です。

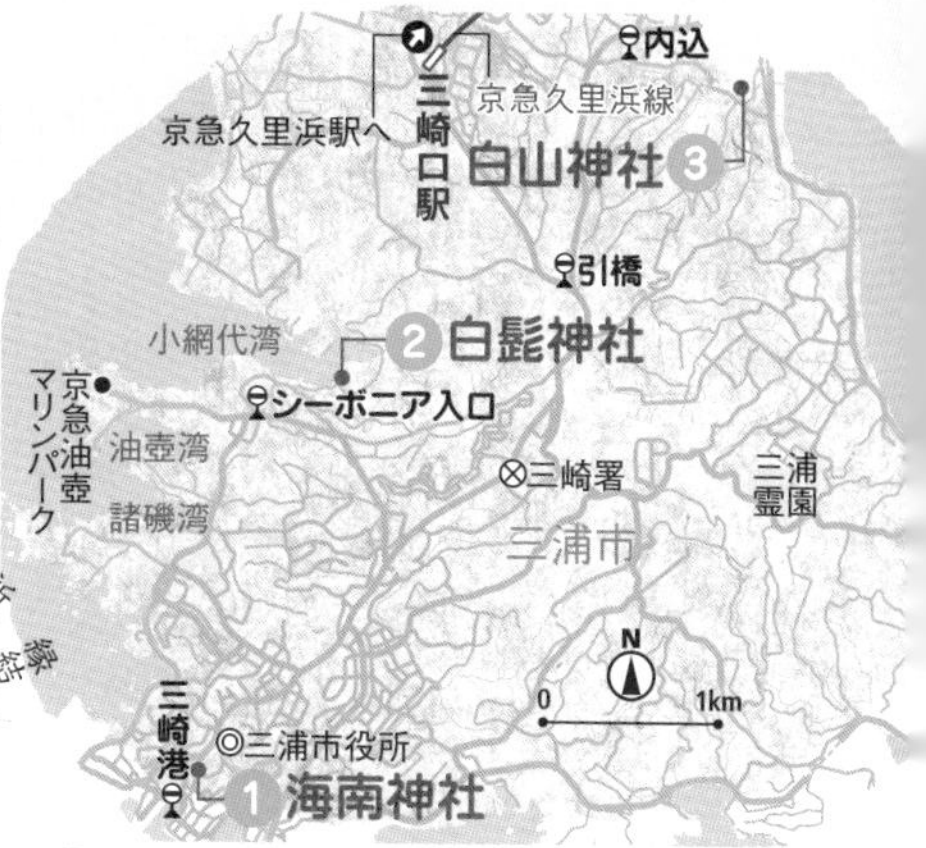

❶ 三崎口駅
↓ バス15分
三崎港バス停
↓ 徒歩3分
海南神社

↓ 徒歩3分
三崎港バス停
↓ バス10分
シーボニア入口バス停
↓ 徒歩10分
❷ 白髭神社

↓ 徒歩10分、シーボニア入口よりバス7分
引橋バス停
↓ 徒歩20分
❸ 白山神社

白山神社から最寄りの京急久里浜線三浦海岸駅まで徒歩20分、バスで10分ほど

縁結びを祈願!

3 14:00 白山神社

●はくさんじんじゃ

三浦一族の武将、菊名氏の守護神。鎌倉幕府滅亡後、一時荒廃していましたが、江戸時代に現在の地に社殿を造営し、菊名の氏神様として祀られました。また夫婦神を祀っていることから縁結びにご利益があるといわれています。

☞緑に囲まれ静かにたたずむ朱色の社殿
☞鏡のように凪いでいる参道脇の小網代湾

☞社殿左手にある切妻造妻入形横穴式古墳
☞日本最初の夫婦といわれる神を祀る

右の字…奉拝／中央の字…白山神社／右の印…相州三浦鎮座／中央の印…白山神社

右の字…奉祝／中央の字…白髭神社／右の印…三浦七福神／中央の印…上・白髭神社 下・参拝記念 三浦七福神／左の印…上・鶴 下・玄鹿の角に寿老人

ご利益おもちかえり

ハートおまもり 600円
☞恋愛成就のお守り。いつも持ち歩いて恋愛運をアップ

幸せみくじ

字が浮きでる!

水に浸すと神様からのメッセージが浮かんできます。恋愛や結婚、仕事運を占いましょう。

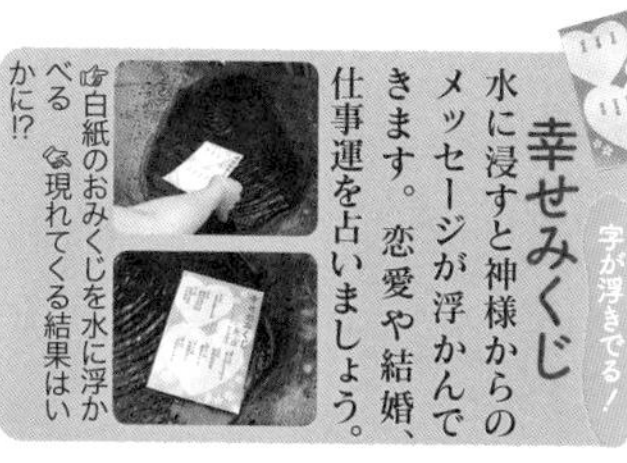

☞白紙のおみくじを水に浮かべる
☞現れてくる結果はいかに!?

ご利益おもちかえり

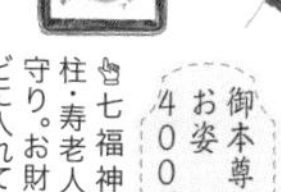

御本尊お姿 400円
☞七福神の一柱・寿老人のお守り。お財布などに入れて

肌守 1000円
☞心身の健康や家内安全を祈念して身につけるお守り

DATA 白山神社
伊邪那岐尊(いざなぎのみこと)・伊邪那美尊(いざなみのみこと)
鎌倉時代　流造(ながれづくり)
住 三浦市南下浦町菊名149
交 京急久里浜線三浦海岸駅から京急バス剱崎行きで4分、白山神社下車、徒歩4分
料 無料

+α メモ <白髭神社>御朱印は社殿右奥の社務所に書き置きがあります。<白山神社>祭事に合わせた印が添えられる期間限定の御朱印が全部で4種類。また兼務社である15社の御朱印を各社参拝後にいただくことができます。

巡礼を始めよう！

海の景色を楽しみながら、秋に寺社めぐりをするなら「三浦半島 七草巡り」はいかがでしょうか。三浦半島では一部の七草が消え去ろうとしていますが、そんな七草の保護を身近に感じることができます。各寺社では御朱印をいただくだけでなく、境内でゆったりと歴史を感じることがおすすめです。巡礼とともに秋の七草にふれ、秋の景色をゆったりと楽しみに行きませんか。

満願寺の重要文化財である観音菩薩は、義連が平氏との戦いに出陣するにあたって自分をモデルに運慶に彫らせた像と言われています

三浦半島に点在している1社6寺で、毎年9月1日～10月20日頃に行われている秋の七草巡り。全行程45kmほどで、車なら1日でめぐることもできます。

第1番 札所 横須賀市

季節の草花に囲まれた古刹

清雲寺

せいうんじ

長治元年（1104）に武将・三浦為継を開基として建立。ご本尊の滝見観音は国の重要文化財に指定されています。

右の字……奉拝
中央の字…瀧見観音
左の字……大冨山 清雲寺
右の印……秋の七草寺社めぐり
三浦氏家紋（丸の内三つ引）
中央の印…仏法僧宝（三宝印）
左の印……上:女郎花の寺
下:清雲

黄色の小花をつけた女郎花

DATA 清雲寺

臨済宗円覚寺派（りんざいしゅうえんがくじは） 瀧見観音（たきみかんのん）

住 横須賀市大矢部5-9-20
交 京急久里浜線北久里浜駅から京急バス北久里浜駅行きで6分、大矢部三丁目下車、徒歩6分
料 志納

第2番 札所 横須賀市

美しい境内に咲く四季の花々

満願寺

まんがんじ

四季を彩るさまざまな花木に包まれた創建820年の古刹。国指定重要文化財の観音菩薩と地蔵菩薩を安置しています。

右の字……奉拝
中央の字…撫子観音
左の字……岩戸山 満願寺
右の印……秋の七草寺社めぐり
中央の印…仏法僧宝（三宝印）
左の印……上:撫子の寺 下:岩戸山満願禅寺 佐原義連公開基
三浦氏一族の家紋

撫子模様を纏った撫子観音菩薩

DATA 満願寺

臨済宗建長寺派（りんざいしゅうけんちょうじは） 聖観音菩薩（しょうかんのんぼさつ）

住 横須賀市岩戸1-4-9
交 京急久里浜線北久里浜駅から京急バス岩戸経由YRP野比駅行きで6分、岩戸下車、徒歩5分
料 無料（収蔵庫は拝観料300円、要予約）

巡礼順と、それぞれの草花

1番「清雲寺（女郎花）」2番「満願寺（撫子）」3番「海南神社（萩）」、4番「妙音寺（葛）」、5番「延寿寺（桔梗）」、6番「新善光寺（藤袴）」、7番「高養寺（尾花）」。各寺社で七草が咲いているかはタイミング次第ですが、運良く出合えたらうれしいですね。

第3番札所　三浦市

深緑と社の朱が美しい

海南神社（かいなんじんじゃ）

三浦半島の総鎮守。源頼朝手植えの大銀杏や龍神様、食の神・磐鹿六雁命（いわかむつかりのみこと）の大絵馬、包丁塚など見どころ多数。

中央の字…藤原資盈公／右の印……秋の七草寺社めぐり／中央の印…海南神社／左の印……三浦総鎮守 海南神社 参拝記念

ご祭神の藤原資盈（ふじわらのすけみつ）を祀る拝殿

DATA　海南神社
藤原資盈・藤原盈渡姫（ふじわらすけみつ・ふじわらみつわたりひめ）
住 三浦市三崎4-12-11
交 京急久里浜線三崎口駅から京急バス城ヶ島行きで15分、三崎港下車、徒歩3分
料 無料

第5番札所　三浦市

神秘的な大木がシンボル

延寿寺（えんじゅじ）

弘安7年（1284）創建。本堂前の松の根本の廟所や樹齢500余年のなんじゃもんじゃの木も必見です。

右の字…奉拝／中央の字…桔梗の寺／左の字…寿福山延寿寺／右の印…上・秋の七草寺社めぐり 下・桔梗の寺／中央の印…魔除印／左の印…上・三浦大黒天延寿寺 下・延寿寺印

不思議な力を宿したなんじゃもんじゃの木

DATA　延寿寺
日蓮宗（にちれんしゅう）　釈迦如来（しゃかにょらい）
住 三浦市初声町下宮田3403
交 京急久里浜線三崎口駅から京浜急行バスJR横須賀駅行き、横須賀市民病院行き、長井行き、荒崎行きで15分、宮田下車、徒歩10分 料 無料

第4番札所　三浦市

草花に囲まれた静謐な境内

妙音寺（三浦大師）（みょうおんじ）

裏山一体を「花山曼荼羅」と称し、大日如来を中心に百種の石仏と3200本の花木で浄土の世界を表しています。

右の字…奉拝／中央の字…久壽観音／左の字…妙音寺／右の印…秋の七草寺社めぐり／中央の印…サ（梵字）久壽観音の御宝印／左の印…妙音寺印

葛は大師堂の周辺に群生

DATA　妙音寺（三浦大師）
高野山真言宗（こうやさんしんごんしゅう）
不空羂索観世音菩薩（ふくうけんじゃくかんぜおんぼさつ）
住 三浦市初声町下宮田119
交 京急久里浜線三崎口駅から徒歩15分
料 無料

第7番札所　逗子市

海沿いの丘に静かにたたずむ

高養寺（こうようじ）

この地域の漁師を暴風雨から救ったことで「波切不動」ともよばれています。堂内の天井の画は元住職黒住章堂師が描いたもの。

右の字……奉拝／中央の字…カーン（梵字）不動明王 波切不動尊／左の字……浪子不動 高養寺／右の印……秋の七草寺社めぐり／中央の印…カーン（梵字）不動明王の御宝印／左の印……逗子海岸厄除霊場浪子不動

逗子の海に面した丘にたたずむ本堂

DATA　高養寺
高野山真言宗（こうやさんしんごんしゅう）　不動明王（ふどうみょうおう）
住 逗子市新宿5-5-5
交 JR横須賀線逗子駅、京急逗子線新逗子駅から徒歩20分
料 無料 ※開扉は毎月28日9～14時のみ。※秋の七草の御朱印は妙音寺で、本尊のみの御朱印は東昌寺（逗子市池子2-8-33）でいただきます。

車で楽々♪ドライブプラン 願いを叶える相模六社巡礼

一番始めにおまいりするもっとも神格の高い神社を一之宮、二番目の神社を二之宮と順序を作って参拝してみませんか。境内でゆっくりと滞在するため、二日に分けてめぐるのもおすすめ。車に乗ってスムーズに移動しながら、六社すべてをめぐってみましょう。

大化の改新以後、各国に派遣された国司（現在の知事）は担当の国に到着すると主要な神社を巡拝して平和と繁栄を祈願したといわれています。六社すべてめぐると相模国の神々の限りない御守護とお導きが授けられるそうです。

1 8:00 寒川神社

●さむかわじんじゃ

相模国一之宮と称される神社。1600年の歴史を有し、古くより関八州の守り神とされ、あらゆる災禍を取り除くという八方除の守護神として信仰されてきました。日本の聖地を結ぶレイラインとよばれる「ご来光の道」上に位置し、春分、秋分、夏至、冬至すべての日に太陽が神社の真上を通るスピリチュアルなパワースポットとして、全国各地からの参拝客を魅了しています。

☞太鼓橋を渡ると3の鳥居で、檜造りの明神鳥居

☞祭神を祀る御本殿は、銅板葺、総木曽檜造り

中央の字…寒川神社
右の印……三つ巴 八方除
中央の印…上・相模国 寒川神社 一之宮 下・ハマゴウ

ココにも注目!

☞四隅に龍が配置されている渾天儀のレプリカ

右の字……奉拝
中央の字…寒川神社
中央の印…相模国 寒川神社一之宮

期間限定の特別「紙御朱印」。鳳凰は3色ある

ココだけの御朱印帳!

☞表面には渾天儀と北斗七星が、裏面には八角形の方位盤がデザインされている御朱印帳。1500円

☞八方除の祈願が込められ、陰陽五行説の5色になっています。八方除で、福徳円満幸運を呼ぶ御守800円

DATA 寒川神社

寒川比古命・寒川比女命（さむかわひこのみこと・さむかわひめのみこと）

雄略天皇(456~479年)御代

流造（ながれづくり）

住 寒川町宮山3916

交 JR相模線宮山駅から徒歩8分

料 無料

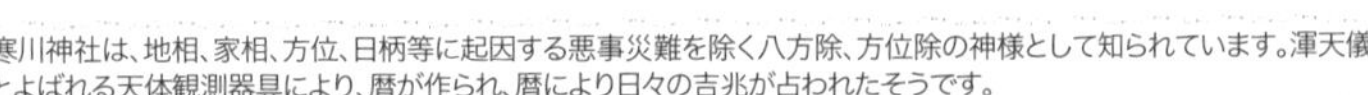

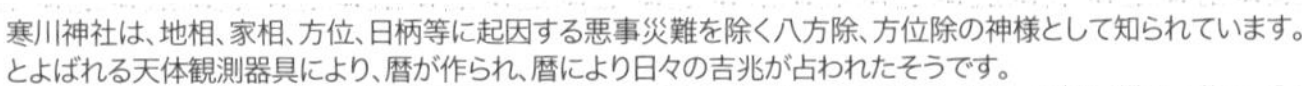

+α メモ/ 寒川神社は、地相、家相、方位、日柄等に起因する悪事災難を除く八方除、方位除の神様として知られています。渾天儀とよばれる天体観測器具により、暦が作られ、暦により日々の吉兆が占われたそうです。

圏央道寒川北IC
←車3分
❶寒川神社
←車30分
❷川勾神社
←車35分
❸比々多神社
←車30分
前鳥神社

厚木駅へ
新横浜駅へ
③比々多神社
伊勢原市
伊勢原駅
倉見駅
寒川北IC
宮山駅
①寒川神社
寒川駅
秦野市
小田急小田原線
鶴巻温泉駅
東海道新幹線
小田原駅へ
寒川南IC
相模線
秦野中井IC
中井町
平塚市
前鳥神社④
寒川町
相模川
香川駅
茅ヶ崎中央IC
藤沢駅へ
②川勾神社
大磯町
二宮町
二宮駅
平塚駅
茅ヶ崎駅
茅ヶ崎海岸IC
茅ヶ崎市
東海道本線
大磯駅
⑤平塚八幡宮
⑥六所神社
相模湾
0 3km

2 川勾神社

9:30

かわわじんじゃ

相模国二之宮で、創建は第11代垂仁天皇の時代（紀元前29〜70年）と伝わる。北条氏の時代には小田原城の鬼門除守護神として崇敬を受けてきました。主祭神の一柱である級長津彦命（しなつひこのみこと）は風の神様。神の息である風が吹けば今一歩踏み出す勇気を後押ししてくれます。

鳥居の脇には、伊藤博文直筆の鳥居額が置かれています

奉拝
相模國二宮
川勾神社
令和元年十月一日

右の字……奉拝
中央の字……川勾神社
中央の印……相模國二宮 延喜式内川勾神社

参道の正面にある立派な社殿

ご利益おもちかえり

安産守 800円
ピンク、赤、白の桜の花がデザインされ、安産を祈願

川勾神社御守 1000円
風のおまもりともいわれ、雲がなびいています

DATA 川勾神社
大名貴命（おおなむじのみこと）・大物忌命（おおものいみのみこと）・級津彦命（しなつひこのみこと）・級津姫命（しなつひめのみこと）・衣通姫命（そとほりひめのみこと）
伝承、垂仁天皇（紀元前29〜70）の御代　流権現造（ながれごんげんづくり）
住 二宮町山西2122
交 JR東海道本線二宮駅から神奈川中央交通バス比奈窪行きまたは小田原駅行きで5分で押切坂上下車、徒歩15分
料 無料

3 比々多神社

11:00

ひびたじんじゃ

境内や周辺から縄文時代の遺跡（ストーンサークル）や土器、古墳から鏡や勾玉、刀、馬具などが出土し、創建は紀元前655年ともいわれます。霊峰大山を神体山として、豊斟渟尊（とよくむぬのみこと）を相模開拓神として祀ったのが始まりです。

子宝、安産にご利益があるそう

小高い丘の上にある元宮からは、伊勢原市街が見渡せます

右の字…奉拝
中央の字…延喜式内冠大明神 比々多神社
中央の印…上・丸に三つ引 両 下・相模国比々多神社 三之宮

奉拝
比々多神社元宮
令和元年十月一日

右の字…奉拝
中央の印…比々多神社 元宮

ご利益おもちかえり

水琴勾玉守 1000円
勾玉が美しく、水の音色で心を癒やしてくれる魔除けのお守り

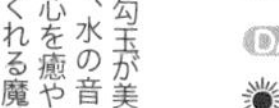

猫目石勾玉守 700円
厄除け、開運お守りで、魂を鎮め、やる気を与えてくれます

DATA 比々多神社
豊斟渟尊（とよくむねのみこと）・天明玉命（あまのあかるたまのみこと）・稚日女尊（わかひるめのみこと）・日本武尊（やまとたけるのみこと）
神武天皇6年（紀元前655）
三間社流造（さんげんしゃながれづくり）
住 伊勢原市三ノ宮1472
交 小田急小田原線伊勢原駅から神奈川中央交通バス栗原行きで15分、比々多神社下車、徒歩すぐ
料 無料

+α メモ 比々多神社から徒歩10分のところに元宮が。途中にある埒免古墳を過ぎると、ミカン畑に囲まれた小高い丘に小さな鳥居と石祠が祀られています。晴れた日には、平塚や横浜方面、相模湾まで見渡せます。

4 前鳥神社 ←車12分 5 平塚八幡宮 ←車25分 6 六所神社 ←車20分 東名高速秦野・中井IC

4 12:30 前鳥神社
さきとりじんじゃ

前鳥神社はさきとり、つまり先に取る、内定が先にもらえるという語呂合わせで就活生に人気の古社。奈良時代以前の創祀と伝えられ1650年以上の歴史があります。祭神である菟道稚郎子命（うぢのわきいらつこのみこと）は、学問の神、就職の神として尊崇されています。

☞森の中に鎮座する社殿
☞4本の葉をつけた松葉を身につけると幸運を招くという「幸せの松」

右の字……奉拝
中央の字…相模国 四之宮 前鳥神社
中央の印…前鳥神社

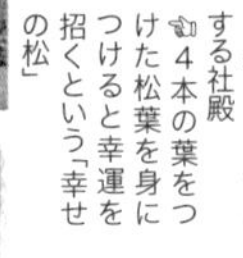

ご利益おもちかえり

資格取守 800円
☞前鳥＝先取にあやかったお守り。本のしおりとして使えます

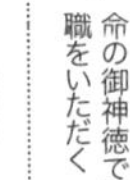
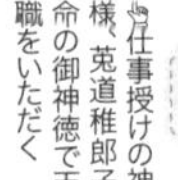

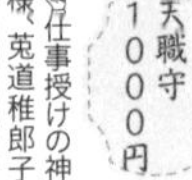
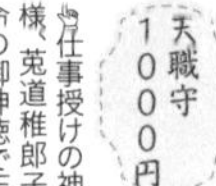
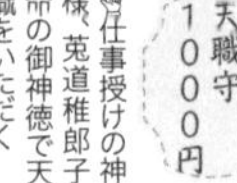
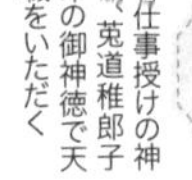

天職守 1000円
☞仕事授けの神様、菟道稚郎子命の御神徳で天職をいただく

DATA 前鳥神社
菟道稚郎子命（うぢのわきいらつこのみこと）・大山咋命（おおやまくいのみこと）・日本武尊（やまとたけるのみこと）
伝承、仁徳天皇56年（368）
三間社流造（さんげんしゃながれづくり）
住 平塚市四之宮4-14-26
交 JR東海道本線平塚駅から神奈川中央交通バス本厚木駅南口行きなどで10分、前鳥神社前下車、徒歩3分
料 無料

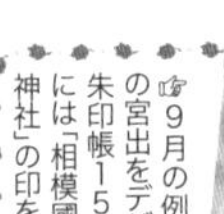

ココだけの御朱印帳！
☞9月の例大祭の神輿の宮出をデザインした御朱印帳1500円。裏面には「相模國四之宮前鳥神社」の印をデザイン

5 14:00 平塚八幡宮
ひらつかはちまんぐう

1600年余前、相武国を襲った大地震に苦しむ人々をお慰めするため、仁徳天皇が父の応神天皇を祭神として国土安穏を祈願したのが始まり。その後、推古天皇時代にも大地震があり「鎮地大神」の宸筆（しんぴつ）を捧げてご祈願をされたと伝わります。一国一社の八幡宮として源頼朝や徳川家康など武人からの信仰も篤く、勝負運や出世開運のご利益も。

☞湘南ひらつか七福神めぐりのひとつ、平塚弁財天社

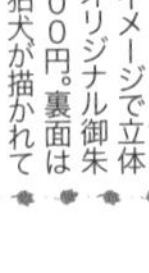
ココだけの御朱印帳！
☞重厚なイメージで立体感のあるオリジナル御朱印帳3000円。裏面は鶴丸紋と狛犬が描かれています

ご利益おもちかえり

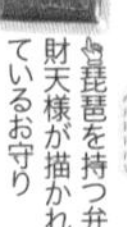
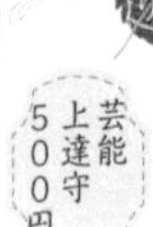

芸能上達守 500円
☞琵琶を持つ弁財天様が描かれているお守り

縁結び御守 500円
☞悪縁を払い、良縁を引き寄せてくれそうな明るいデザイン

+α メモ 前鳥神社では「前鳥神社」のほか、「神戸神社」「奨学神社」、平塚八幡宮では「鎮地大神」「平塚弁財天」のほか、「鶴峯山稲荷」、六所神社では「六所神社」のほか、「六所龍神社」の御朱印をいただけます。

社殿を支える石垣は小田原北条家造営のもの

明和2年(1765)に建立された青銅の二の鳥居

源頼朝が北条政子の安産を祈願し、徳川家康も参拝して戦火で荒廃していた社殿を再建させています

6 15:30 六所神社

●ろくしょじんじゃ

崇神天皇の時代、出雲地方の氏族がこの地に移住した際、祖神の櫛稲田姫命(くしいなだひめのみこと)を祀って創建されました。しめ縄が出雲大社と同じ造りで石垣は小田原北条家の寄進。

櫛稲田姫命は、須佐之男命(すさのおのみこと)の櫛となり、八岐大蛇をともに退治した良縁の女神。身に付けると禍をよけ良縁を導く湯津爪櫛御守(ゆつつまぐしおまもり)は女性の強い味方として信仰を集めています。

相模國総社 六所神社 令和元年九月四日

中央の字…六所神社
右の印……相模国総社
中央の印…相模国
六所神社 総社

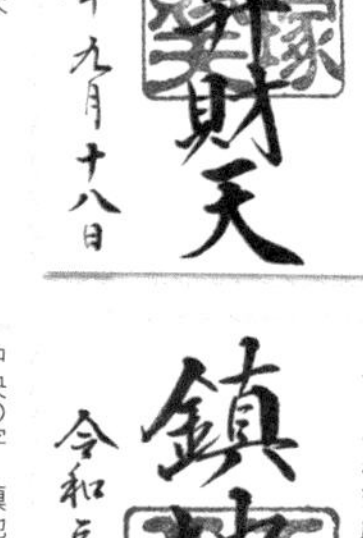

相州平塚鎮座 平塚弁財天 令和元年九月十八日

中央の字…平塚弁財天
右の印……相州平塚鎮座
中央の印…平塚弁財天

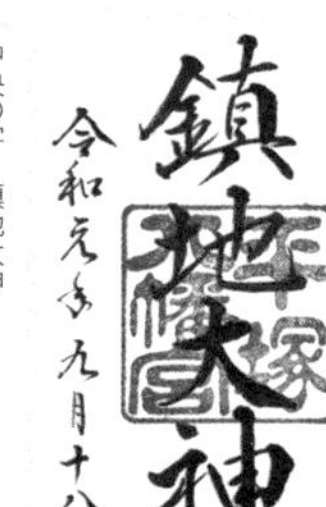

相州平塚鎮座 鎮地大神 令和元年九月十八日

中央の字…鎮地大神
右の印……相州平塚鎮座
中央の印…平塚八幡宮

櫛稲田姫命とともに出雲から来た龍神大神を祀る

ご利益おもちかえり

湯津爪櫛御守(男性用) 800円

櫛稲田姫命にあやかった櫛のお守りで、困難打開や災禍除

湯津爪櫛御守(女性用) 800円

こちらは女性用で、良縁成就や災禍除の御神徳を祈願

DATA 六所神社

櫛稲田姫命(くしなだひめのみこと)・須佐之男命(すさのおのみこと)・大己貴尊(おおなむちのみこと)

伝承、崇神天皇甲申年(紀元前97)

五間社流造(ごけんしゃながれづくり)

住 中郡大磯町国府本郷935
交 JR東海道本線二宮駅から徒歩30分
料 無料

ココだけの御朱印帳!

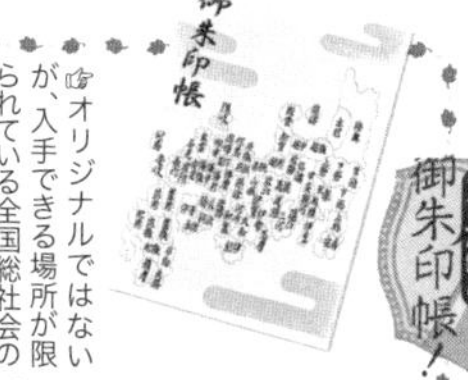

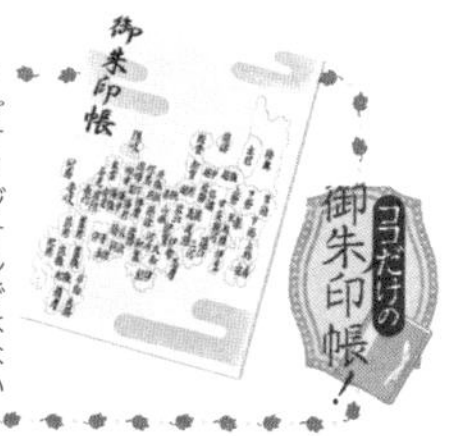

オリジナルではないが、入手できる場所が限られている全国総社会の御朱印帳1500円。六所神社は相模国総社

DATA 平塚八幡宮

応神天皇(おうじんてんのう)・神功皇后(じんぐうこうごう)・武内宿禰命(たけうちのすくねのみこと)

仁徳天皇68年(380)

流造(ながれづくり)

住 平塚市浅間町1-6
交 JR東海道本線平塚駅北口から徒歩8分
料 無料

+α メモ 弁財天がある平塚八幡宮など、「湘南ひらつか七福神」は、JR平塚駅を拠点に総距離約8km、徒歩約3～4時間の巡拝コース。御朱印帳を片手に、平塚の街歩きをしながら、平塚のパワースポットを訪ね歩くのも楽しそう。

横須賀市

のどかな海辺の雰囲気を感じながら 海辺の町横須賀で御朱印プチトリップ

横須賀市内の浦賀・久里浜周辺のエリアに建つ、海辺の神社をのんびりめぐってみましょう。それぞれ異なるご利益があり、ここでしか手に入らない御朱印帳やお守りが魅力です。

三浦半島の大部分を占める横須賀市。なかでも浦賀・久里浜はペリー艦隊の一行が入港・上陸した、日本の歴史上でも重要な場所です。現在では市街地が形成され、交通の便も良いため京浜地域のベットタウンとしても栄えています。

走水神社から見た、海の景色!

1 9:00 八幡神社

●はちまんじんじゃ

養老4年(720)に武人たちによって創建。武家の篤い信仰を集め、徳川家康から3石の社領を寄進され、以降、代々の将軍から12枚の御朱印状を受けています。ご祭神の応神天皇は日本の統一国家の礎を築いたことから、先取的、発展的なことにご利益があるとされています。

☞中央下に押されている詠は、「災疫を祓い除く。平安無事を祈る」といった意味があります

右の字……奉拝 久里浜
中央の印…右上・巴紋 左上・葵紋 中・八幡神社
右下・詠 左下・長月

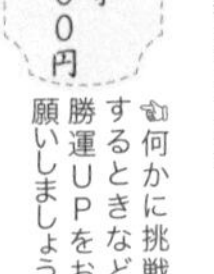

肌守 500円

☞赤地に緑の雲が描かれた心願成就のお守り

勝守 500円

☞何かに挑戦するときなど勝運UPをお願いしましょう

☞6・12月には茅の輪くぐり、7月には八雲祭が行われます

緑豊かな境内

☞豊川稲荷社、伏見稲荷社、海軍工作神社、3社の境内社

DATA 八幡神社

応神天皇(誉田別尊)（おうじんてんのう（ほむたわけのみこと））

養老4年(720)

住 横須賀市久里浜2-17-8
交 京急久里浜線京急久里浜駅から徒歩8分
料 無料

2 10:30 春日神社

●かすがじんじゃ

古くは横須賀沖の猿島に鎮座していましたが、明治13年頃に猿島が軍用地になり、現在の地に遷座。2000年には100年以上途絶えていた猿島での例祭が蘇りました。

☞2000年に猿島へ渡御しました

+α メモ/ <八幡神社>御朱印は、宮司さんが社務で不在の場合やご祈祷をされている時は対応できません。社殿天井の龍図は横須賀市指定重要文化財に指定されています。参拝後、社務所を訪ねて拝観できるか聞いてみましょう。

番線印

出版社

書名

定価

著者

12月入荷→3月返品

① 久里浜駅
↓ 徒歩8分
八幡神社
↓ 徒歩8分
京急久里浜駅
↓ 電車6分
堀ノ内駅
↓ 徒歩3分
② 春日神社
↓ 徒歩5分
春日神社バス停
↓ バス15分、徒歩2分
③ 走水神社
↓ 徒歩15分
観音崎バス停

N 0 1km
横須賀駅へ ② 春日神社 春日神社 馬堀海岸駅 馬場海岸IC 走水神社 横須賀美術館 堀ノ内駅 京浜急行本線 横須賀市 走水神社 ③ 観音崎 新大津駅 京急大津駅 浦賀IC 観音崎公園 逗子駅へ 浦賀駅 観音崎自然博物館 北久里浜駅 鴨居八幡神社 ⑥ 鳥居 横須賀線 横浜横須賀道路 西叶神社 ④ 新町 京浜急行久里浜線 紺屋町 横須賀ICへ 東叶神社 ⑤ 八幡神社 ① 久里浜駅 京急久里浜駅

3 12:00 走水神社

●はしりみずじんじゃ

愛にあふれたご祭神からパワーを授かる

日本武尊と弟橘媛命の伝承が残る古社。夫のために身投げした伝説は日本書紀にも記されており、愛にあふれたパワースポットとして多くの参拝者が訪れます。

☞急斜面に建てられた社殿。ここから穏やかな海が見渡せます

☞弟橘媛命の社があった海岸から運んだ砂。少量を持ち帰ることができます

右の字……奉拝 相模国走水
中央の字…走水神社
中央の印…走水神社
左の印……勾玉

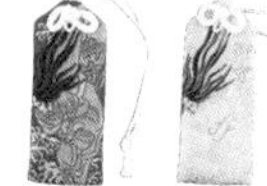

御守 700円
☞弟橘媛命が描かれ恋愛運がUPしそう。白・赤2色あります

子宝安産御守 500円
☞お産の軽い犬にあやかった安産祈願のお守り

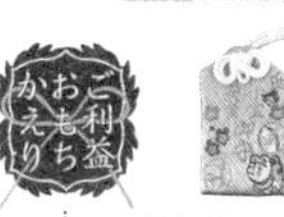

縁御守 500円
☞良縁が結ばれるよう祈念。小さなお守りです

☞緑に包まれた境内 ☞明治13年(1880)頃に現在の地へ遷座

☞添え印の猿には、同社と縁の深い横須賀沖の「猿島」と書かれています

中央の字…春日神社
右の印……横須賀市三春町鎮座 猿の印に猿島
中央の印…春日神社之印

身代り守 700円
☞あらゆる事故や災難などから身代わりになってくれるお守りです

えんむすび 各800円
☞男性用にはタイガーアイ、女性用にはローズクオーツが付いています

ここだけの御朱印帳！
☞表には桜、裏には海へ身を投げる弟橘媛命を描いたオリジナルの御朱印帳1200円。紺とピンクの2色があります

DATA 走水神社
日本武尊・弟橘媛命（やまとたけるのみこと・おとたちばなひめのみこと）
不明　権現造（ごんげんづくり）
住 横須賀市走水2-12-5
交 京急本線馬堀海岸駅から京急バス観音崎行きで8分、走水神社下車、徒歩2分
料 無料

DATA 春日神社
天児屋根命（あめのこやねのみこと）
平安時代　流造（ながれづくり）
住 横須賀市三春町3-33
交 京急本線堀ノ内駅から徒歩3分

+α メモ／ <春日神社>神輿殿の両脇には猿島から移した狛猿がいます。よく見ると阿吽の位置が反対です。当時の職人さんが誤って逆に設置してしまったのだそうです。<走水神社>手水舎に流れるのは地下30mから湧く真水です。

観音崎バス停
←バス15分
浦賀駅バス停
←徒歩15分
④西叶神社
←船3分
⑤東叶神社
←徒歩10分
新町バス停
←バス6分
鴨居バス停
←徒歩1分
⑥鴨居八幡神社
←徒歩1分
鴨居バス停
←バス10分
浦賀駅

東叶神社からも広い海の景色が望める

☞天保12年（1842）に再建された総檜造の社殿

4 13:30 西叶神社

●にしかのうじんじゃ

平安時代末期、源頼朝の再興を願い文覚上人（もんがくしょうにん）が応神天皇を祀り建立しました。その数年後、平家が滅亡し鎌倉幕府が樹立されたため、源氏の願いが叶ったと「叶大明神」とよばれるようになりました。そうした歴史的背景より、願いを叶える神社として今も地域の人びとから崇敬を集めています。

☞力強い筆致が印象的。東、西ともに「叶神社」と記されます

右の字……奉拝
中央の字……叶神社
右の印……相州浦賀町宮下
中央の印……叶神社社印

ココだけの御朱印帳!

☞落ち着いた風合いのシンプルなデザインの御朱印帳1500円。白、ピンク、黒の3色

DATA 西叶神社

応神天皇（誉田別尊）（おうじんてんのう（ほむたわけのみこと））・比売大神・息長帯比売命（ひめおおみかみ・おきながたらしひめのみこと）

養和元年（1181） 権現造（ごんげんづくり）

住 横須賀市西浦賀1-1-13
交 京急本線浦賀駅から京浜急行バス久里浜駅行きで5分、紺屋町下車、徒歩すぐ
料 無料

☞併せておまいりしたい、さまざまな神様を祀る摂末社

☞浦賀港を出入りする船舶の水難除け・航海安全を祈念

開運の船旅!

西叶神社から東叶神社までは渡し船で…

ポンポン船の愛称で親しまれる渡し船。東西の叶神社近くに乗り場があり、対岸へは3分ほどで到着します。渡船場でボタンを押すと船が来てくれます。

12～13時は昼休み

乗船料は大人200円

+α メモ/ 横須賀市市民文化資産に指定されている社殿の彫刻。当時、名工と謳われた彫刻師、後藤利兵衛の作品です。拝殿は花鳥風月の透かし彫りのある格天井になっているなど、社殿の随所に配された傑作は要チェックです。

5 14:30 東叶神社

●ひがしかのうじんじゃ

石垣に開いた祠の奥には石の弁財天が祀られています

養和元年(1181)、京都の石清水八幡宮を勧請し、東叶神社が創建されました。主祭神は航海の守護神。幕末に勝海舟が航海の安全を祈念し、明神山の頂上にある奥の院で断食修行をしたと伝わっています。

全景が待つ石段を登り良縁祈願!

社殿は名神山の麓にあり、勝海舟が断食修行をした奥の院は山頂に位置します

右の字……奉拝
中央の字……叶神社
左の印……横須賀東浦和
中央の印……叶神社印
左の印……叶神社社務所印

ココだけの御朱印帳!

太平洋を横断した咸臨丸(かんりんまる)が表紙に描かれたご朱印帳1500円。波を切って進む姿は迫力満点!

DATA 東叶神社

応神天皇(誉田別尊)(おうじんてんのう(ほむたわけのみこと))

養和元年(1181) 権現造(ごんげんづくり)

住 横須賀市東浦賀2-21-25

交 京急本線浦賀駅から京浜急行バス観音崎行きで5分、新町下車、徒歩10分

料 無料

6 15:30 鴨居八幡神社

●かもいはちまんじんじゃ

昭和3年(1928)に社殿を造営

三浦半島の東端近く、鴨居港とよばれる小さな漁港を臨む神社。養和元年(1181)に、鴨居の領主・三浦義春が源家の命を受け鶴岡八幡宮を勧請したのがはじまりと伝わっています。鴨居港に面し、灯台が見えるのどかで美しい景色は鴨居鎮守ならでは。柔和な表情の狛犬にも心安らぎます。

境内からは直線に並ぶ大鳥居、灯台が見える

右の字……奉拝
中央の字……八幡神社
右の印……横須賀 鴨居
中央の印……八幡神社

DATA 鴨居八幡神社

誉田別尊(ほんだわけのみこと)

養和元年(1181) 権現造(ごんげんづくり)

住 横須賀市鴨居3-5-5

交 京急本線浦賀駅から京浜急行バス観音崎行、またはかもめ団地行で15分、鴨居で下車、徒歩1分

料 無料

こちらもCHECK! ご利益おもちかえり

二社参拝で「勾玉御守」をゲット

西叶神社で勾玉を手に入れたら、次は東叶神社を参拝して勾玉を入れる袋をいただきましょう。袋に入れた勾玉を身につけることで、恋愛が成就するといわれています。両社の行き来は、車や徒歩だと海沿いの道をまわっていかないといけないため、渡し船(P136)を利用すればスムーズです。浦賀の町を一望できる穏やかな海を船で渡って、束の間のクルーズを楽しんで。

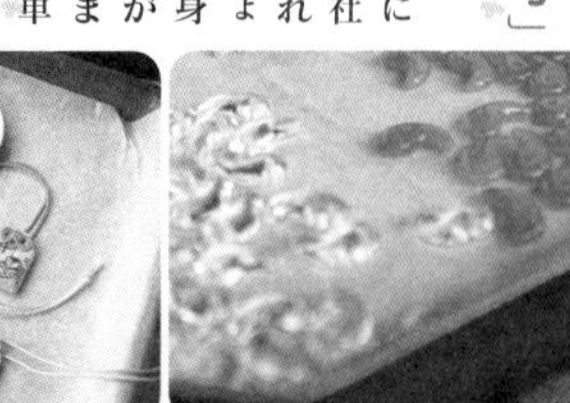

勾玉を袋に入れて身につけ良縁を祈願!

勾玉を入れる袋(500円)は東叶神社でいただきます

ヒスイと水晶の勾玉は西叶神社でいただきます(各500円)

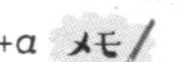

+α メモ

<東叶神社>拝殿脇から恵仁志と産霊坂を登ると明神山の山頂へ上がれます。浦賀湾を一望する絶景は必見です!

<鴨居八幡神社>神社の向かいの砂浜へ下りて、そこから見る白亜の大鳥居もとても素敵です。

横浜市

横浜周辺御朱印スポット

御朱印から人気のグルメまで おなかも心も満たそう

駅から歩いてまわれる、市街地の神社を訪ねてみませんか。ここには飛鳥時代のものから、幕末・明治期まで新旧問わずさまざまな神社が集まります。参拝のあとは、横浜中華街でグルメを楽しみましょう。

横浜中華街やみなとみらいが人気な横浜ですが、ここから内陸へ進むといくつかの神社が点在しています。幕末の開港後に急激に発展した街ということもあり、明治期に創建されれた比較的新しい神社に出合えるのもこの地ならではです。

1 9:00 戸部杉山神社

●とべすぎやまじんじゃ

白鳳3(652)年に戸部地方を開拓した一族が、祖神として出雲大社から大己貴命の分霊を勧請したのがはじまり。鳥居をくぐり、拝殿へ進むと、狛犬ならぬ、狛鼠がお出迎え。鼠はご祭神・大己貴命の神使です。台座が回転式になっており、回転させてから参拝するとよいそうです。街の中にありながら、緑あふれる神社は今も地域の人びとの憩いの場として親しまれています。

横浜市内最古の社

☞江戸時代には幕府から社領の寄進を受け、朱印状を授けられた

ご利益 おもちかえり

身体守護(大)800円

☞狛鼠が描かれたお守り。紫と朱の2色があります

身体守護(小)600円

☞パステルカラーで、小さめサイズがキュート

右の字……奉拝
右の印……神紋(打ち出の小槌)
中央の印…上:戸部杉山神社 下:雄雌の狛鼠

台座をゆっくり回して願掛け!

DATA 戸部杉山神社

大己貴命(おおなむちのみこと)

白鳳3年(652) 流権現造(ながれごんげんづくり)

住 横浜市西区中央1丁目13-1

文 京急本線戸部駅から徒歩6分

料 無料

2 10:30 伊勢山皇大神宮

●いせやまこうたいじんぐう

明治3年(1870)に国の経費で創建され、横浜を守護する役割を持つ総鎮守。「関東のお伊勢さま」としても広く崇敬されています。2020年には創建150年を記念して、新本殿を造営。式年遷宮で建て替えられた伊勢神宮内宮の旧社殿をそのまま移築、同宮の本殿に生まれ変わりました。

☞東日本最大級の注連柱。しめ縄は直径30cm、長さ4mにおよぶ

☞ふっくらとした巾着型の福守1000円

オリジナルの御朱印帳もあるよ!(→P73)

☞桜の花の社紋が咲き誇る、美しくもありがたい御朱印

中央の字…伊勢山皇大神宮
右の印…奉拝 横濱総鎮守
中央の印…上:桜、下:伊勢山皇大神宮

DATA 伊勢山皇大神宮

天照大神(あまてらすおおみかみ)

明治3年(1870)

神明造(しんめいづくり)

住 横浜市西区宮崎町64

文 JR根岸線、横浜市営地下鉄ブルーライン桜木町駅から徒歩10分

料 無料

+α メモ/ <戸部杉山神社>子年である令和2年新年には、鼠と打ち出の小槌を描いた吉祥宝来(切り絵)を授与。<伊勢山皇大神宮>創建150年を迎えることを記念し、伊勢神宮内宮の社殿を特別に譲り受け、新本殿を造営しました。

戸部駅
←徒歩6分
① 戸部杉山神社
←徒歩15分
② 伊勢山皇大神宮
←徒歩1分
③ 野毛山不動尊横浜成田山
←徒歩25分
④ 金刀比羅大鷲神社
←徒歩15分
諏訪神社

みなとみらい大橋
横浜駅
1 戸部杉山神社
高島町駅
みなとみらい駅
横浜美術館
戸部駅
京浜急行線
ブルーライン
3 成田山横浜別院
横浜赤レンガ倉庫
桜木町駅
伊勢山皇大神宮 2
みなとみらい線
県警本部
野毛山動物園
神奈川県庁舎
日ノ出町駅
横浜市役所
山下公園
関内駅
元町・中華街駅
子神社
大岡川
横浜スタジアム
金刀比羅大鷲神社 4
諏訪神社 5
6 元町厳島神社
阪東橋駅
石川町駅
根岸線
狩場線
N 0 500m

☞輝く社紋は「金」と「酉」を合わせたもの

護摩祈祷も必見！

3 11:30 野毛山不動尊横浜成田山

●のげやまふどうそんよこはまなりたさん

明治3年（1870）に成田山新勝寺より不動明王像を遷座し、開創。その後、信徒の増加に伴い、現在の地へ移り寺号を成田山延命院に。御本尊は徳川家の秘蔵仏で、願い事が叶うお不動様として人気があります。

☞横浜の人々に野毛山不動尊として親しまれ、横浜を見守ってきました

ご利益おもちかえり

身代守 1000円
☞成田山で人気の身代守。赤・青・ピンクの3色

勝守 1000円
☞不動明王のご利益であらゆる困難を克服します

ココだけの御朱印帳！
☞全7色。同院と横浜の景色が描かれています

右の字…上・奉拝 成田山／中央の字…不動明王／左の字…延命院／右の印…関東三十六不動霊場第三番札所／中央の印…八宝珠にカーン（梵字）不動明王の御宝印／左の印…上・不動恵童子 下・成田山延命院

DATA 成田山横浜別院
真言宗　成田山
不動明王
明治26年(1893)
入母屋造
住 横浜市西区宮崎町30
交 JR根岸線、横浜市営地下鉄ブルーライン桜木町駅から徒歩5分
料 無料

4 13:00 金刀比羅大鷲神社

●ことひらおおとりじんじゃ

幕末の安政6年（1859）、横浜開港に合わせ、讃岐国象頭山金比羅大権現を勧請して創建。当初は港崎遊郭内に鎮座し、遊郭の鎮守として信仰を集めていました。

右の字…奉拝 中央の字…金刀比羅大鷲神社 右の印…上・横浜のおとりさま 下・横浜開港百六十周年 中央の印…上・社紋 下・横浜の名所星

☞朱色の鳥居と玉垣で囲まれた境内。玉垣の脇にはかつて遊郭の鎮守だった名残が見られます

ミニ熊手ストラップ守 700円
☞酉の市の熊手をモチーフにした願いを叶えるお守り

ご利益おもちかえり

金運守 500円
☞金運が上昇するよう祈願した、黄金色のお守り

DATA 金刀比羅大鷲神社
大物主之命・崇徳天皇
安政6年(1859)
権現造
住 横浜市南区真金町1-3
交 横浜市営地下鉄ブルーライン阪東橋駅から徒歩5分
料 無料

+α メモ ＜野毛山不動尊横浜成田山＞毎月1・15・28日はご縁日で、多くの参拝者が訪れます。＜金刀比羅大鷲神社＞毎年11月の酉の日に開かれる「酉の市」は、熊手を求める人でにぎわい、県下を代表する歳末風物詩のひとつとなっています。

5 諏訪神社 ← 徒歩10分 6 元町嚴島神社 ← 徒歩5分 石川町駅

中華街からみなとみらいへ行くのもおすすめ!

社殿の右手前にある桜の木。春には満開の桜が境内を美しく彩ります

6 15:00 元町嚴島神社

もとまちいつくしまじんじゃ

幕末・開港期には、元町(当時は横浜元村)発展の守護神とされ、地域の人びとからの崇敬を集め、今も商業地・元町商店街の一角に鎮座します。開創当時は、杉山弁天とよばれ、現在の関内にありましたが移転し、明治42年(1909)に浅間神社と合祀。明治2年(1869)に神仏分離令により増徳院から独立し、嚴島神社として祀られることになりました。

社殿の左脇にある、末社の金刀比羅宮(左)と皇大神宮(右)

同社は何度も焼失しましたが、鎮守する町内に一度も火災が起こらなかったため、「火防の神」として崇敬されています

奥まった住宅街に鎮座。社頭には「浜のおすわさん」と社名が掲げられ、石段を上ると鳥居、社殿があります

5 14:00 諏訪神社

すわじんじゃ

浜のおすわさん、として地域の方に親しまれている神社。創建当時は現在よりも高所に小祠があり、地域からの篤い崇敬を集めていた。お諏訪さまに供える灯火は絶えることなく、その明かりが石川河岸を出入りする漁船の目印となっていたのだそう。

幾度も火災に見舞われた歴史を伝える狛犬

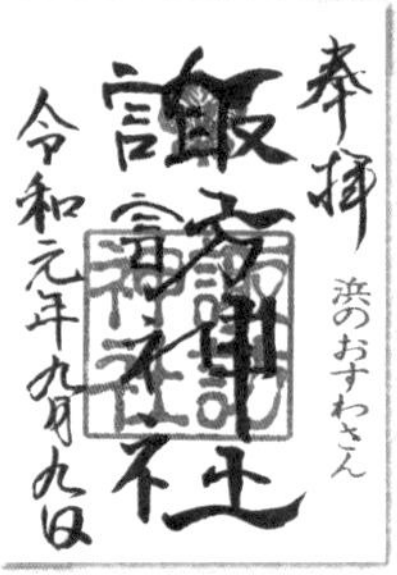

中央の印は旧デザインですが、希望をすれば押していただけます

中央の字…嚴島神社
右の印……奉拝 横浜元町
中央の印…嚴島神社 YOKOHAMAMOTOMACHI
左の印……元町嚴島神社

御朱印には長野県の藩主・諏訪氏と縁の深いかじの葉の神紋が押印
右の字……奉拝
中央の字…諏訪神社
右の印……浜のおすわさん
中央の印…上・梶の葉紋(かじのはもん)
下・諏訪神社

ペット御守 500円
首輪やリードに付けられるペットの御守です

ご利益おもちかえり

商売繁盛守 500円
かわいい顔の招き猫を配し、商売繁盛を祈念

当地に遷座後に建てられた旧社殿は昭和20年(1945)の横浜大空襲で焼失。昭和36年(1961)に再建されました

DATA 元町嚴島神社
市杵島姫命(いちきしまひめのみこと)・多紀理姫命(たぎりひめのみこと)・多岐都姫命(たぎつひめのみこと)・木花開耶毘売命(このはなさくやひめのみこと)
治承年間(1177~1781)
神明造(しんめいづくり)
住 横浜市中区元町5-208
交 JR根岸線石川町駅南口から徒歩5分
料 無料

DATA 諏訪神社
建御名方命(たけみなかたのみこと)
文明13年(1481)
神明造(しんめいづくり)
住 横浜市中区石川町4-164
交 JR根岸線石川町駅南口から徒歩5分
料 無料

+α メモ/ <元町嚴島神社>御朱印は境内にある元町自治運営会事務所にて受付しています(平日のみ10~16時)。<諏訪神社>9カ所の神社をまわる「横浜開港神社巡り」のひとつ。専用の御朱印帳も用意されています。

寺社さくいん(五十音順)

数字の色は紹介している章ごとに色分けしています。
●3章 ●4章 ●5章

東京都
西武池袋線
西武拝島線
西武新宿線
中央本線
池袋駅
山手線
上野駅
総武本線
新宿駅
代々木駅
秋葉原駅
東京駅
亀戸駅
立川駅
中央自動車道
府中本町駅
渋谷駅
東京湾岸道路
新木場駅
京葉線
南武線
小田急小田原線
品川駅
小田急多摩線
溝の口駅
P91
P10、36
P45
相模原駅
第三京浜
東名高速道路
東京国際空港
P37
町田駅
P55
P61
P98
長津田駅
横浜線
P9、42
P47
新横浜駅
菊名駅
鶴見駅
東京湾アクアライン
P54
P138
P66
相模鉄道
P138
横浜駅
P139
東京湾
海老名駅
P46
桜木町駅
P140
P11、56
P83
P140
P47
P66
P12、139
東戸塚駅
P50
小田急江ノ島線
東海道新幹線
P34
P100
P80
P96
磯子駅
P80
P51
P130
新杉田駅
根岸線
P92
P6、41
P132
京急富岡駅
並木中央駅
P86
大船駅
P46
P64
P65
P13、90
P132
金沢文庫駅
東海道本線
藤沢駅
P48
金沢八景駅
P10、37
東京湾
茅ヶ崎駅
鎌倉駅
横浜横須賀道路
横須賀駅
P95
横須賀線
P40
P110
P102
逗子駅
P97
P129
P134
P112
P71
P135
衣笠駅
P84
P128
P137
P137
P113
P44
P128
P136
P134
久里浜駅
相模湾
浦賀水道
P129
三浦海岸駅
P129
金田湾
P12、127
千葉県
三崎口駅
P126
P126、129
N
0
5km

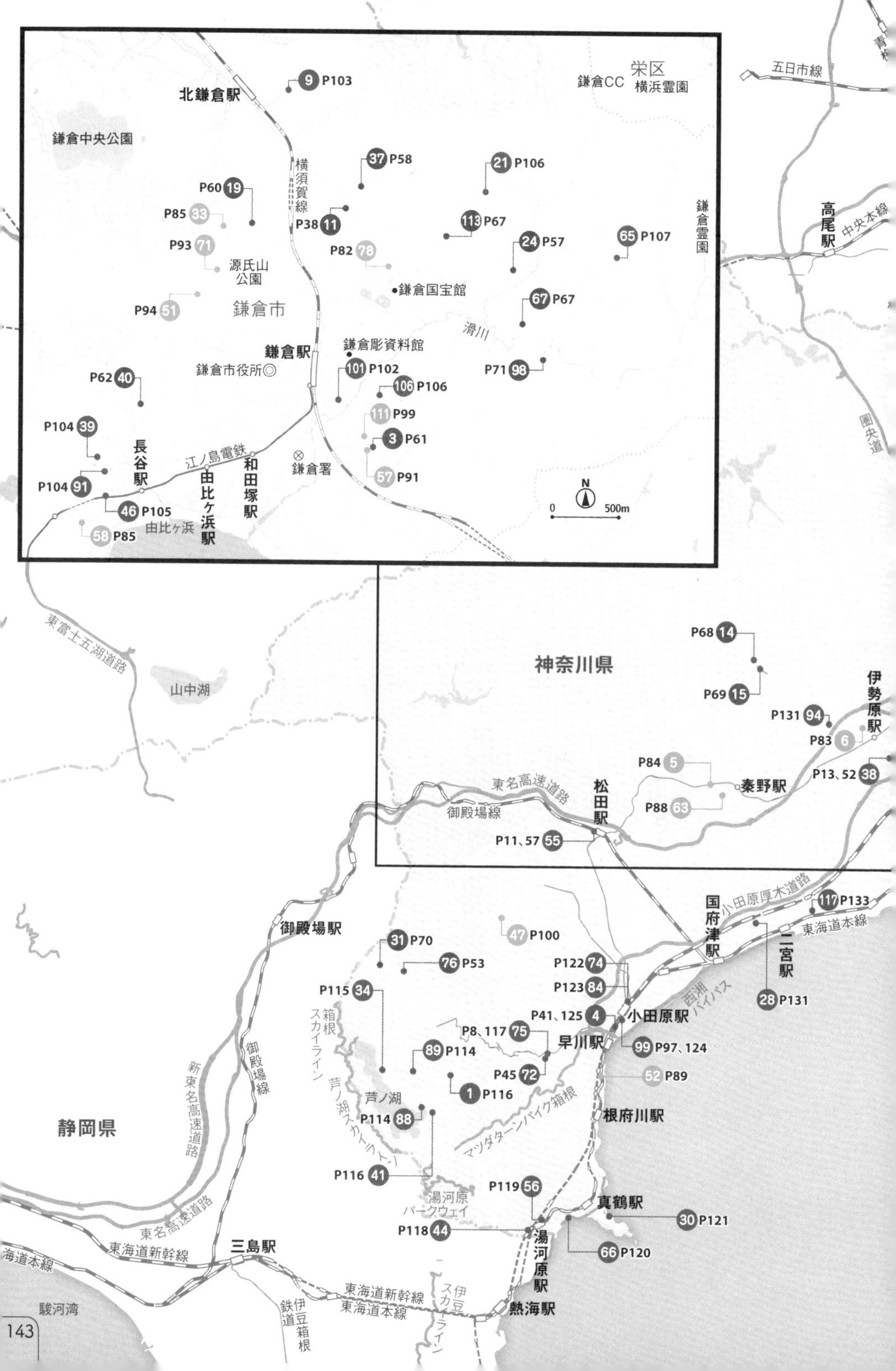

北鎌倉駅
9 P103
鎌倉中央公園
栄区
鎌倉CC
横浜霊園
37 P58
21 P106
横須賀線
P60 19
P85 33
P38 11
113 P67
24 P57
65 P107
鎌倉霊園
P93 71
P82 78
源氏山公園
鎌倉国宝館
P94 51
鎌倉市
67 P67
滑川
鎌倉駅
鎌倉彫資料館
鎌倉市役所◎
101 P102
P71 98
P62 40
106 P106
111 P99
P104 39
3 P61
長谷駅
江ノ島電鉄
和田塚駅
鎌倉署
P104 91
由比ヶ浜駅
57 P91
46 P105
由比ヶ浜
58 P85
0 500m
五日市線
高尾駅
中央本線
圏央道
東富士五湖道路
山中湖
神奈川県
P68 14
P69 15
伊勢原駅
P131 94
P83 6
P84 5
秦野駅
P13、52 38
東名高速道路
松田駅
御殿場線
P88 63
P11、57 55
小田原厚木道路
国府津駅
117 P133
東海道本線
御殿場駅
31 P70
47 P100
二宮駅
76 P53
P122 74
P115 34
P123 84
西湘バイパス
28 P131
箱根スカイライン
P41、125 4
小田原駅
P8、117 75
早川駅
89 P114
99 P97、124
御殿場線
新東名高速道路
P45 72
52 P89
芦ノ湖スカイライン
1 P116
芦ノ湖
マツダターンパイク箱根
P114 88
根府川駅
静岡県
P116 41
P119 56
湯河原パークウェイ
真鶴駅
30 P121
東名高速道路
P118 44
湯河原駅
東海道新幹線
三島駅
66 P120
東海道本線
東海道新幹線
東海道本線
伊豆スカイライン
駿河湾
伊豆箱根鉄道
熱海駅

御朱印さんぽ 神奈川 横浜・鎌倉の寺社

2019年12月15日 初版印刷
2020年 1月 1日 初版発行

●編集人
岡 陽子
●発行人
今井敏行
●発行所
JTBパブリッシング
〒162-8446 東京都新宿区払方町25-5
https://jtbpublishing.co.jp/

●編集・制作
時刻情報・MD事業部(櫻井昌子・桜井晴也)
●取材・執筆・撮影・編集協力
K&Bパブリッシャーズ
忍章子・成沢拓司・嶋嵜圭子・中島亮
●イラスト
入江めぐみ
●表紙デザイン
川口繁治郎+リバーズ・モア
●地図
アトリエ・プラン
●印刷所
大日本印刷

図書のご注文は、営業部 直販課
☎03-6888-7893
本書の内容については、時刻情報・MD事業部
☎03-6888-7846

194567　807670
ISBN978-4-533-13719-8 C0026
●落丁・乱丁はお取替えいたします。
●おでかけ情報満載
https://rurubu.jp/andmore

※本書掲載のデータは2019年10月末日現在のものです。
※拝観料等のデータや御朱印の内容は、発行後に変更になることがあります。また、各種データを含めた掲載内容の正確性には万全を期しておりますが、おでかけの際はHP等で事前にご確認ください。なお、本書に掲載された内容と実際が異なることによる損害等は、弊社では補償いたしかねますので、あらかじめご了承ください。
※本書掲載の拝観料等の料金は、大人料金です。原則として取材時点で確認した消費税込みの料金です。税率改定等により、各種料金が変更されることがありますので、ご注意ください。
※定休日は原則として年末年始・お盆・ゴールデンウィーク・臨時休業は省略しています。
※交通アクセス等における所要時間は、目安の時間となります。とくにバスでは渋滞による遅延等が起きる可能性がありますことをご了承ください。

諸ガイド
807670